New Collection 10

중학교 영어로 다시 읽는 세계명작

오스카 와일드 단편집

행복한 왕자 외

Short Stories of Oscar Wilde

Oscar Wilde 원작
넥서스콘텐츠개발팀 엮음

넥서스

중학교 영어로 다시 읽는 세계명작
New Collection 10
오스카 와일드 단편집 행복한 왕자 외

원 작 Oscar Wilde
엮은이 **넥서스콘텐츠개발팀**
펴낸이 임상진
펴낸곳 (주)넥서스

초판 1쇄 발행 2011년 12월 5일
초판 5쇄 발행 2023년 10월 1일

출판신고 1992년 4월 3일 제311-2002-2호
주소 10880 경기도 파주시 지목로 5
전화 (02)330-5500 팩스 (02)330-5555

ISBN 978-89-5797-902-0 14740
ISBN 978-89-5797-467-4 14740 (세트)

출판사의 허락없이 내용의 일부를
인용하거나 발췌하는 것을 금합니다.

가격은 뒤표지에 있습니다.
잘못 만들어진 책은 구입처에서 바꾸어 드립니다.

www.nexusbook.com

머리말

어릴 적 즐겨 읽었던 『이상한 나라의 앨리스』나 『작은 아씨들』을 이제 영어로 만나 보세요. 지난날 우리들을 설레게 했던 명작들을 영어로 읽어봄으로써, 우리말로는 느끼지 못했던 또 다른 재미와 감동을 느낄 수 있습니다. 또한 친숙한 이야기를 영어로 바꿔 읽는 것은 그 어느 학습 자료보다도 효과적입니다. 자신이 알고 있는 이야기를 떠올리며 앞으로 전개될 내용을 상상하며 읽어 나가면, 낯선 내용을 읽을 때만큼 어렵거나 부담스럽지 않기 때문입니다.

『중학교·고등학교 영어로 다시 읽는 세계명작 시리즈 New Collection』은 기존에 나와 있는 명작 시리즈와는 달리, 소설책을 읽듯 추억과 감동에 빠져들 수 있도록 원서의 느낌을 최대한 살렸습니다. 또한, 영한 대역 스타일을 탈피하여 우리말 번역을 권말에 배치함으로써 독자 여러분이 스스로 이야기를 이해하는 연습을 할 수 있도록 하였습니다. 더불어 원어민 성우들이 정확한 발음과 풍부한 감성으로 녹음한 MP3 파일은 눈과 귀로 벅찬 감동을 동시에 경험하며, 최대의 학습 효과를 얻을 수 있도록 제작되었습니다.

'순수하고 가슴 뭉클한 그 무엇'이 절실한 요즘, 주옥같은 세계명작을 다시금 읽으며 잠시나마 마음의 여유를 갖고 영어소설이 주는 감동에 빠져 보세요.

넥서스콘텐츠개발팀

이 시리즈의 특징

1. 읽기 쉬운 영어로 Rewriting
한국인이 가장 좋아하는 세계명작만을 엄선하여, 원문을 최대한 살리면서 중고등학교 수준의 쉬운 영어로 각색하였다. 『중학교 영어로 다시 읽는 세계명작 시리즈 New Collection』은 1,000단어, 『고등학교 영어로 다시 읽는 세계명작 시리즈 New Collection』은 2,000단어 수준으로 각색하고, 어려운 어휘는 별도로 설명하여 사전 없이도 읽을 수 있다.

2. 학습 효과를 배가시키는 Summary
각 STORY 및 SCENE이 시작될 때마다 우리말 요약을 제시하여 내용을 추측하면서 읽을 수 있기 때문에, 원서의 부담을 덜면서 더 큰 학습 효과를 얻을 수 있다.

3. 학습용 MP3 파일
전문 원어민 성우들의 실감나는 연기가 담긴 MP3 파일을 들으면서, 읽기와 함께 듣기 및 말하기까지 연습할 수 있다.

4. 독자를 고려한 최적의 디자인
한 손에 쏙 들어오는 판형, 읽기 편한 서체와 크기 등 독자가 언제 어디서나 오랜 시간 즐겁게 읽을 수 있도록 최상의 편집 체제와 세련된 디자인으로 가독성을 높였다.

추 천   리 딩   가 이 드

step 1 **청해** 들으면서 의미 추측하기
책을 읽기에 앞서 MP3 파일을 들으며 이야기의 내용을 추측해 본다.

step 2 **속독** 빨리 읽으면서 의미 추측하기
STORY 및 SCENE의 영문 제목과 우리말 요약을 읽은 다음, 본문을 읽으면서 혼자 힘으로 뜻을 파악해 본다. 모르는 단어나 문장이 나와도 멈추지 말고 전체적인 흐름을 파악하는 데 주력한다.

step 3 **정독** 정확히 읽으면서 의미 파악하기
어구 풀이와 권말 번역을 참고하면서 정확한 의미를 파악한다.

step 4 **낭독** 소리 내어 읽으면서 소리와 친해지기
단어와 단어가 연결될 때 나타나는 발음 현상과 속도 등에 유의하면서 큰 소리로 또박또박 읽어 본다.

step 5 **섀도잉** 따라 말하면서 회화 연습하기
MP3 파일을 들으며 원어민의 말을 한 박자 늦게 돌림노래 부르듯 따라 말하면서, 속도감과 발음 등 회화에 효과적인 훈련을 한다.

이 시리즈의 구성

우리말 Summary

이야기를 읽기 전에 내용을 짐작해 봄으로써, 편안한 마음으로 읽을 수 있도록 우리말 요약문을 제시하였다. 이를 힌트 삼아 보다 효과적인 내용 이해가 가능할 것이다.

The Tortoise and the Ducks

세상을 구경하고 싶어 하던 거북이는 오리 두 마리의 도움으로 하늘을 날게 된다

The Tortoise's* shell* is his house. He has to carry it on his back* all the time, so he can never leave home. This was a punishment* from Zeus for being lazy,* because he refused* to go to Zeus's wedding.

The Tortoise became very sad when

영문

부담스러워 보이지 않고 편안하게 술술 읽히도록 서체와 크기, 간격 등을 최적의 체제로 편집하였다.

어구 풀이

이야기를 이해하는 데 도움이 되도록 어려운 어구를 순서대로 정리하였다. 이야기에 사용되는 의미를 우선순위로 하였으나, 2차적 의미가 중요하거나 불규칙 활용을 하는 경우도 함께 다뤄주어, 보다 풍부한 어구 학습이 되도록 배려하였다.

he saw other animals move about* freely and swiftly.* He wanted to see the world like they did, but the house on his back and his short legs made it impossible.

One day the Tortoise told two ducks his sad story.

"We can help you to see the world," said the Ducks. "Bite* down hard on this stick with your mouth, and we will fly you high up in the sky so that you can see the world. No matter what* happens,* do not speak. Or you'll regret* it very badly.*"

The Tortoise was very pleased.* He bit down on the stick as hard as he could, and the Ducks took hold of*

tortoise 거북 shell 껍질, 껍데기 back 등 punishment 벌, 처벌 lazy 게으른 refuse 거절하다, 거부하다 move about 돌아다니다 swiftly 재빨리 bite 이빨로 물다 no matter what ~하든지 ~일지라도 happen 일어나다, 일다 regret 후회하다 badly 몹시, 심하게 pleased 기쁜 take hold of ~를 쥐다, 잡다

우리말 번역

문장 구성과 어구의 쓰임을 효율적으로 학습할 수 있도록 직역을 기본으로 하여 번역하였다. 가능하면 번역에 의존하지 말고 영문과 어구만으로 이야기를 이해하도록 하며, 번역은 참고만 하도록 한다.

페이지 표시

영문을 읽다가 해결되지 않는 부분이 있을 때 그에 대응하는 번역 부분을 손쉽게 찾을 수 있도록 해당 영문 페이지의 번호를 표시해 놓았다.

MP3 파일
www.nexusbook.com에서 다운로드

전문 원어민 성우들의 생생한 연기를 귀로 들으며, 바로 옆에서 누군가가 동화책을 읽어주는 것처럼 더욱 흥미롭고 효과적으로 학습할 수 있다.

저자 소개

오스카 와일드(Oscar Wilde, 1854-1900)는 외과 의사인 아버지와 시인인 어머니 사이에서 태어났다. 그는 어려서부터 자연스럽게 문학을 접하고 글쓰기에 재능을 보였다.

대학 4학년이던 1878년, 장편 시 「라벤나(Ravenna)」로 뉴디게이트 상을 수상하며 시인이자 고전학자로 이름을 날렸고, 존 러스킨과 월터 페이터의 영향을 받아 심미적 안목을 키웠다. 그는 당시 유미주의에 적대적이던 사회 분위기를 아랑곳하지 않고 1881년에는 자신의 유미주의적 색채가 농후하게 드러난 「시집(Poems)」을 자비로 출판하기도 했다. 1888년에는 「행복한 왕자와 다른 이야기들(The Happy Prince and Other Tales)」, 1890년에는 「도리언 그레이의 초상(The Picture of Dorian Gray)」, 1891년에는 「아서 새빌 경의 범죄와 다른 이야기들(Lord Arthur Savile's Crime and Other Stories)」과 「석류의 집(A House of Pomegranates)」을 발표했는데, 모든 저서에서 유미주의적인 입장을 고수했다.

그는 동성애 혐의를 받아 재판을 받고, 1895년 5월부터 2년간의 중노동형을 선고 받았다. 1897년 5월 출감했을 때, 그는 파산 상태였다. 이후 1898년에는 감옥에서의 경험을 바탕으로 쓴 「레딩 감옥의 발라드(The Ballad of Reading Gaol)」를 발표했으나, 이것이 그의 마지막 작품이 되고 말았다. 뇌막염에 걸린 오스카 와일드는 1900년 11월 30일, 46세의 나이로 파리에서 파란만장했던 생을 마쳤다.

작품 소개

오스카 와일드의 작품의 가장 큰 특징은 섬세한 아름다움이다. 그의 동화는 해피엔딩으로 끝나지 않는다. 이로 인해 그의 작품에는 환상적인 분위기가 많이 나타나며, 예술지상주의 작가답게 그의 주인공들은 비극적인 결말을 맞는다.

「행복한 왕자」는 오스카 와일드의 대표작으로 알려진 작품이다. 자기 몸에 있는 모든 보석들을 불쌍한 사람들에게 떼어주려는 왕자의 동상과 왕자의 부탁 때문에 겨울이 닥쳤는데도 고향으로 가지 않고 남아서 왕자를 돕다가 끝내 죽음에 이르는 제비의 희생을 그린 이야기다.

「나이팅게일과 장미」는 순수한 사랑의 힘과 허무함을 역설적으로 그린 작품이고, 「이기적인 거인」은 많은 것을 가졌지만 사람들과 단절된 삶을 살던 한 거인이 아이의 형상을 하고 나타난 신의 도움을 받아 주위와 조화롭게 어울리게 된다는 내용이다. 그 외 「헌신적인 친구」, 「도드라진 로켓 폭죽」, 「젊은 왕」, 「별의 아이」에서도 인간의 본성이 풍자적으로 그려지며 더불어 사는 삶의 중요성이 강조된다.

이 책에 실린 작품들을 보면 유미적이기는 하지만 결코 현실과 동떨어진 입장에서 귀족적이고 낭만적인 아름다움을 추구하기만 하고 사회적인 부조리를 외면하지는 않는다. 오히려 예술의 비도덕성과 무익성, 예술지상주의를 통해 오스카가 추구한 아름다움은 물질적인 아름다움이 아니라 영혼의 아름다움이었음을 알 수 있다.

Contents

Story 01	The Happy Prince 행복한 왕자	12	
Story 02	The Nightingale and the Rose 나이팅게일과 장미	35	
Story 03	The Selfish Giant 이기적인 거인	50	
Story 04	The Devoted Friend 헌신적인 친구	63	
Story 05	The Remarkable Rocket 도드라진 로켓 폭죽	89	
Story 06	The Young King 젊은 왕	119	
Story 07	The Star-Child 별의 아이	153	

Story 01

The Happy Prince

도시 위로 높이 솟은 기둥 위에
보석과 금으로 치장된 행복한 왕자의 동상이 서 있다.
왕자의 동상은 우연히 자신에게 날아온 제비에게
자기 몸의 보석들을 가난한 이들에게 나누어 주라고 부탁한다.

The statue* of the Happy Prince stood high above the city on a tall column.* He was covered all over with thin leaves of fine gold.* For eyes he had two bright sapphires,* and a large red ruby* glowed* on his sword-hilt.*

"He is as beautiful as a weathercock,*"

said one of the Town Councilors* who wanted to build a reputation* for having artistic* tastes.* "But he is not quite so useful,*" he added,* fearing people might think him unpractical,* which he was not.

"Why can't you be like the Happy Prince?" said a mother to her little boy who was crying. "The Happy Prince never cries for anything."

"I am glad there is someone in the world who is so happy," muttered* a disappointed* man as he gazed at* the beautiful statue.

"He is just like an angel,*" said the Charity Children* as they came out of the cathedral.*

---

statue 상(像), 조각상 column 기둥, 원주 a leaf of gold 금박 sapphire 사파이어 ruby 루비 glow 빛나다, 광채를 발하다 sword-hilt 검 자루 weathercock 닭 모양의 풍향계 councilor 평의원, 의원 reputation 평판, 명성 artistic 예술적인, 아름다운 taste 기호, 취향 useful 쓸모 있는, 유용한 add 덧붙여 말하다, 부언하다 unpractical 비실용적인, 비실제적인 mutter 중얼거리다 disappointed 실의에 잠긴, 낙담한 gaze at ~을 뚫어지게 보다, 응시하다 angel 천사 charity child 보육원의 아동 cathedral 대성당

"How do you know?" asked the Mathematical Master.* "You have never seen an angel."

"But we have! In our dreams!" answered the children. The Mathematical Master frowned* and looked very serious,* because he did not approve of* children dreaming.

One night, a little Swallow* flew over the city. His friends had gone away to Egypt six weeks before, but he had stayed behind. He remained* because he was in love with the most beautiful Reed.* He first saw her early in the spring as he was flying down the river after a big yellow moth.* He was so attracted* by her slender* waist* that he had stopped to talk to her.

"I'm in love with you," said the Swallow, who liked to come straight to the point.* Then the Reed made him a low bow.*

He flew round and round her, gently* splashing* the water with his wings and making silver ripples.* He courted* her all through the summer.

"He is so stupid," twittered* the other Swallows. "She has no money and far too many relatives.*"

It was true. The river was full of Reeds. Then, when the autumn came, the fellow Swallows all flew far away. After they left, he felt lonely and soon became tired of his lady.

"She is boring,*" he said to himself. "And I am afraid that she loves the wind. She is always flirting with* the wind." This was also true. Whenever the wind blew,*

---

master 교사 frown 눈살을 찌푸리다 serious 심각한 approve of ~을 찬성하다 swallow 제비 remain 남아 있다 reed 갈대 moth 나방 attracted 매료된 slender 호리호리한 waist 허리 come straight to the point 단도직입적으로 말하다, 곧바로 요점을 말하다 make a bow 절하다 gently 조용히, 살포시 splash 튀기다 ripple 잔물결 court 구애하다 twitter 지저귀다, 지지배배 울다 relative 친척, 일가 boring 지루한, 따분한 flirt with (이성의 환심을 사려고) ~와 시시덕거리다 blow 불다

the Reed made the most graceful* bow. "Besides, I love traveling," he added. "And my wife, consequently,* should also love traveling."

"Will you come away with me?" he asked her at last. But the Reed shook* her head. She was too attached* to her home.

"You have been trifling with* me," he said. "I am off* to the Pyramids.* Good-bye!"

With that, he flew away. All day long he flew, and by night he arrived at the city.

"Where shall I stay for the night?" he thought.

Then he saw the wonderful statue on the tall column.

"I will put up* there," he tweeted. "It's beautiful and has plenty of fresh air." So he alighted* between the feet of the Happy Prince.

"Ah! This is a golden bedroom," he

said softly to himself as he looked around. He prepared to go to sleep, but just as he was putting his head under his wing, a large drop of water fell on his head. "How strange!" he cried. "There is not a single cloud in the sky, but it is raining. The weather in the north of Europe is dreadful.*"

Then another drop fell.

"What is the use of this statue if it cannot keep the rain off*?" he said. "I should look for a good chimney pot.*" He flapped* his wings to fly away.

But just before he took off, a third drop fell. He looked up to find, to his surprise,* that the eyes of the Happy Prince were filled with tears! In fact, tears were running

---

graceful 우아한　consequently 따라서　shake 흔들다　attached 애착을 가진, 집착한　trifle with ~을 가지고 놀다, 농락하다　be off 떠나다, 출발하다　pyramid 피라미드　put up 숙박하다　alight (새가 나무 등에) 내려앉다　dreadful 지독한, 끔찍한　keep off ~을 막다, 가까이 오지 못하게 하다　chimney pot 굴뚝 꼭대기의 통풍관　flap 날개를 치다, 퍼덕거리다　to one's surprise 놀랍게도

down his golden cheeks. The little Swallow was suddenly* filled with pity.*

"Who are you?" he asked.

"I am the Happy Prince."

"Why are you crying then?" asked the Swallow. "You have drenched* me."

"I cry because I am sad," answered the statue. "When I was alive and had a human heart, I did not know what tears were. I lived in the palace where sorrow* is not allowed* to enter. In the daytime, I played with my friends in the garden, and in the evening, I danced in the great hall. There was a tall wall around the garden, but I never cared to* ask what lay beyond it. Everything around me was so beautiful. My courtiers* called me the Happy Prince, and I really was happy all the time. So I lived, and so I died. But now that I am dead, they have set me up here. I stand so high that I can see all the ugliness* and all the misery* of my city. Although my heart is made of lead,* I cannot help but* weep.*"

"What! Is he not solid gold*?" thought the Swallow. He was too polite* to make any personal* comments* out loud.

"Far away in a little street there is a poor house," said the Happy Prince. "One of the windows is open. Through it I can see a woman sitting at a table. Her face is thin* and worn.* She has coarse* hands, all pricked* by the needle,* because she is a seamstress.* She is embroidering* passionflowers* on a satin* gown* for the Queen's maids-of-honor* to wear at the next court* ball.* In a bed in the corner

---

suddenly 갑자기, 별안간 pity 동정, 연민 drench 흠뻑 적시다 sorrow 슬픔, 비애 allow 허락하다 care to ~하려고 애쓰다, 노력하다 courtier 조신, 신하 ugliness 추함 misery 고통, 괴로움 lead 납 cannot help but ~하지 않을 수 없다 weep 눈물을 흘리다, 울다 solid gold 순금 polite 공손한, 예의 바른 personal 개인의 make a comment 논평하다 thin 여윈, 수척한 worn 지친, 수척해진 coarse 거칠거칠한 prick 찌르다 needle 바늘 seamstress 침모, 여자 재봉사 embroider 수놓다 passionflower 시계풀 satin 공단, 새틴 gown 긴 겉옷, 드레스 maid-of-honor 신부 들러리 court 궁정, 궁중 ball 무도회

of the bedroom is her little boy who is very ill. He has a fever* and wants to eat oranges. His mother cannot give him anything but river water, so he is crying. Swallow, Swallow, little Swallow, will you not take the ruby out of my sword-hilt and take it to her? My feet are fastened* to this pedestal,* so I cannot move."

"I need to go to Egypt," said the Swallow. "My friends are already flying up and down the Nile. Then they will go to sleep in the tomb* of the great King."

"Swallow, Swallow, little Swallow," said the Prince. "Will you not stay with me for just one night and be my messenger*? The little boy is so thirsty, and the mother is so sad."

"I don't like boys," answered the Swallow. "Last summer, two rude* boys were always throwing stones at me. They never hit me, of course. We swallows are too quick* for that."

But the Happy Prince looked so sad that the little Swallow felt sorry.

"It is very cold here," the Swallow said. "But I will stay with you for one more night and be your messenger."

"Thank you, little Swallow," said the Prince.

The Swallow picked out the great ruby from the Prince's sword. He flew away with it in his beak* over the roofs* of the town.

He passed by the cathedral tower where the white marble* angels were. He passed by the palace and heard the sound of people drinking and dancing. A beautiful girl came out on the balcony* with her lover.

---

fever 열 fasten 묶다, 단단히 고정시키다 pedestal 받침대 tomb 무덤, 묘
messenger 전령 rude 버릇없는, 무례한 quick 재빠른 beak 부리 roof
지붕 marble 대리석 balcony 발코니

"How amazing* the stars are," he said to her. "And how amazing the power of love is!"

"I hope my dress will be ready in time for the ball," she said. "I have ordered passionflowers to be embroidered on it. But you know how lazy seamstresses are."

He passed over the river and saw the lanterns* hanging* from the masts* of the ships. He passed over the ghetto* and saw old Jews* bargaining* with one another. At last he came to the poor house and peered in.* The boy was on his bed, and the mother had fallen asleep. She looked very tired. The Swallow hopped* in and put the great ruby on the table. Then he flew quietly around the bed, fanning* the boy's forehead with his wings.

"I feel cool," said the boy. "I must be getting better." Then he fell into a good sleep.

The Swallow flew back to the Happy Prince and told him what he had done.

"It is strange," he said. "I feel quite warm now although it is so cold."

"That's because you have done something good," said the Prince. The little Swallow thought for a while, and then he fell asleep. Thinking always made him sleepy.

When morning came, he flew down to the river and had a bath.*

"What a remarkable* phenomenon,*" said a Professor* who studied birds and their behavior* as he was walking over the bridge. "A swallow is here in winter!" That afternoon, he wrote a long letter about it to the local* newspaper.*

---

amazing 놀랄 만한, 굉장한 lantern 등불, 초롱 hang 걸다, 달아매다 mast 돛대, 마스트 ghetto 게토, 유대인 강제 거주 지구 Jew 유대인 bargain 흥정하다, 매매 교섭을 하다 peer in 안을 응시하다 hop 깡충 뛰다 fan (부채 등으로) 부치다 have a bath 목욕하다 remarkable 주목할 만한, 놀랄 만한 phenomenon 현상 professor 교수 behavior 행동, 행동 양식 local 지방의, 고장의 newspaper 신문

"Tonight I go to Egypt," said the Swallow. He was looking forward to* seeing his friends again. He visited all the public* monuments* and sat on top of the church steeple* for a long time.

When the moon rose,* he went back to the Happy Prince.

"I'm off to Egypt now," he said.

"Swallow, Swallow, little Swallow," said the Prince. "Will you not stay with me for just one more night?"

"But my friends are waiting for me in Egypt," answered the Swallow. "Tomorrow, they will fly up to the great waterfall.* Then they'll go to the granite* throne* where the God Memnon* sits. He watches the stars all night. At noon, the lions and their cubs* come down to the water's edge* to drink. Their roar* is louder than the roar of the waterfall."

"Swallow, Swallow, little Swallow," said

the Prince. "I see a young man in an attic* on the other side of the city. He is leaning* over a desk covered with papers, and in a trash can* by his side there is a bunch of* crumpled* paper. He is trying to finish a play for the Director* of the Theater, but he is too cold that he cannot concentrate.* There is no fire in the fireplace,* and he is very hungry."

"I will stay with you tonight," said the Swallow, who really had a good heart. "Do you want me to give him a ruby?"

"But I have no ruby now," said the Prince. "My eyes are all that I have left. They are made of rare* sapphires, which were brought from India a thousand years

---

look forward to ~을 학수고대하다　public 공공의　monument 기념 건조물　steeple 뾰족탑, 첨탑　rise (해나 달이) 뜨다, 떠오르다　waterfall 폭포, 폭포수　granite 화강암　throne 왕좌, 옥좌　Memnon 멤논 (그리스 신화 속 에티오피아의 왕)　cub 사자 새끼　edge 가장자리　roar 으르렁거리는 소리, 포효　attic 다락방　lean 상체를 구부리다　trash can 쓰레기통　a bunch of 한 뭉음의, 한 다발의　crumpled 뒤틀린, 구겨진　director 연출가, 감독　concentrate 집중하다　fireplace 벽난로　rare 드문, 진기한

ago. Pluck one out* and take it to him. He can sell it to the jeweler,* and buy food and firewood* and finish his play."

"Dear Prince, I cannot do that," said the Swallow. And he began to cry.

"Swallow, Swallow, little Swallow," said the Prince. "Do as I ask."

The Swallow plucked out the Prince's eye and flew away to the young man's attic. It was easy to get in because there was a hole in the roof. The young man had his head buried* in his hands, so he did not hear the flutter* of the Swallow's wings. When he looked up a moment later, he found the beautiful sapphire on his desk.

"Someone finally appreciates* my work," he cried. "This must be from some great admirer.* Now I can finish my play." And he looked quite happy.

The next day, the Swallow flew down to the harbor.* He sat on the mast of a large ship and watched the sailors* hauling* big chests* out with ropes.*

"I am going to Egypt tonight!" cried the Swallow, but nobody heard. And when the moon rose, he flew back to the Happy Prince.

"I have come to say good-bye," he said.

"Swallow, Swallow, little Swallow," said the Prince. "Will you not stay with me for just one more night?"

"It is winter," answered the Swallow. "It will soon start to snow. In Egypt, the sun shines down every day on palms,* and the crocodiles* lie* in the mud.* My friends are building a nest in the temple, and the pink and white doves* are watching them and cooing* to each other. Dear Prince, I

---

pluck out ~을 뽑아내다 **jeweler** 귀금속 상인 **firewood** 장작, 땔나무 **bury** 묻다 **flutter** 펄럭임 **appreciate** 높이 평가하다, 가치를 인정하다 **admirer** 찬양자, 팬 **harbor** 항구, 항만 **sailor** 선원, 뱃사람 **haul** 힘껏 잡아당기다 **chest** 상자, 궤 **rope** 밧줄 **palm** 야자나무 **crocodile** 악어 **lie** 눕다, 드러눕다 **mud** 진흙, 진창 **dove** 비둘기 **coo** (비둘기가) 구구 울다

have to leave you, but I will never forget you. And next spring, I will bring you back two beautiful jewels to replace* those that you've given away. The ruby will be redder than a red rose, and the sapphire will be as blue as the great sea."

"Look in the square* below," said the Happy Prince. "There stands a little match-girl.* She has dropped her matches into the gutter,* and they are all spoiled.* Her father will beat her if she does not bring home money, and so she is crying. She has no shoes or stockings. Pluck out my other eye and give it to her, so that her father may not beat her."

"I will stay with you tonight," said the Swallow. "But I cannot pluck out your eye. You would go blind.*"

"Swallow, Swallow, little Swallow," said the Prince. "Please do as I ask."

So he plucked out the Prince's other eye

and flew down with it. He swooped* past the match-girl and dropped the jewel into the palm* of her hand.

"What a lovely piece of glass," cried the little girl. Then she ran home, laughing with joy.

Then the Swallow flew back to the Prince.

"You are blind now," he said. "I will stay with you from now on."

"No, little Swallow," said the Prince. "You must fly away to Egypt."

"I will stay with you always," said the Swallow. He sat at the Prince's feet and fell asleep.

The Swallow sat on the Prince's shoulder all day the next day and told him stories of what he had seen in strange

---

replace 대신하다, 대체하다　**square** 광장　**match-girl** 성냥팔이 소녀　**gutter** (차도와 인도 사이의) 도랑　**spoil** 망치다, 상하게 하다　**go blind** 눈이 안 보이게 되다　**swoop** 급강하하다, 위에서 덮치다　**palm** 손바닥

lands.

"You tell me of marvelous* things, little Swallow," the Prince said. "But the sufferings* of men and women are more marvelous than anything else in the world. Fly over my city, little Swallow, and tell me what you see."

So the Swallow flew over the great city, and saw the rich making merry* in their beautiful houses. Meanwhile,* the beggars* were sitting at the gates.* He flew into dark alleys* and saw the white faces of starving* children looking out at the black streets. Under a bridge two little boys were holding onto each other to try to keep themselves warm.

"I'm so hungry!" one of them said to the other.

"You must not stay here," shouted the Watchman,* and they were forced* out into the rain.

The Swallow flew back and told the Prince what he had seen.

"I am covered with fine gold," said the Prince. "Take it off, leaf by leaf, and give it to the poor."

The Swallow did as he was asked. Soon, as the Prince grew grayer and grayer, the poor children's cheeks grew rosier* and rosier.

The next day, it started to snow, and after the snow came the frost.* The poor little Swallow grew colder and colder, but he did not leave the Prince. He loved him too much. He picked up crumbs* outside the bakery and tried to keep himself warm by flapping his wings.

But at last the day came when he knew

---

marvelous 놀라운, 신기한 suffering 고통, 괴로움 make merry 흥겹게 떠들다, 흥청망청 놀다 meanwhile 한편, 그동안 beggar 거지 gate 대문 alley 골목길, 골목 starving 굶주린 watchman 방범대원, 경비원 force 억지로 ~ 시키다, 강요하다 rosy 장밋빛의, 발그레한 frost 서리 crumb 작은 조각, 빵 부스러기

that he was going to die. He had just enough strength* to fly up to the Prince's shoulder once more.

"Good-bye, dear Prince," he said faintly.* "Will you let me kiss your hand?"

"I am glad that you are finally going to Egypt, little Swallow," said the Prince. "You have stayed here too long. But you must kiss me on the lips, because I love you."

"I'm not going to Egypt," said the Swallow. "I am going to the House of Death."

He kissed the Happy Prince on the lips and fell down to his feet and died.

A few days later, people began to notice* how shabby* the Happy Prince looked.

"The ruby has fallen out of his sword!" said the Mayor.* "His eyes are gone, and he is no longer golden."

"He looks like a beggar," said the Town Councilors.

The next day, they pulled down the statue of the Happy Prince.

"He is no longer beautiful, so he is no longer useful," said the Art Professor at the University.*

The statue was then melted* in a furnace,* and the Mayor held a meeting to decide* what was to be done with the metal.*

"We need to make another statue, of course," he said. "It should be a statue of me."

"No, it should be of me," said each of the Town Councilors, and they began to argue.*

"Bring me the two most precious* things in the city," God said to one of His Angels. And then an Angel brought Him

---

strength 힘, 체력 **faintly** 힘없이, 가냘프게 **notice** 주목하다, 알아채다 **shabby** 초라한, 헙수룩한 **mayor** 시장 **university** 대학교 **melt** 녹이다, 녹다 **furnace** 용광로 **decide** 결정하다, 결심하다 **metal** 금속 **argue** 논쟁하다, 언쟁하다 **precious** 귀중한, 소중한

the leaden* heart of the Happy Prince and the dead Swallow.

"You have chosen* wisely,*" said God. "This little bird shall sing for evermore* in my garden of Paradise.* And in my city of gold, the Happy Prince shall stay with me happily every day and every night."

Story 02

The Nightingale and the Rose

나이팅게일은 지고지순한 사랑을 꿈꾸는 어떤 학생을 위해
사랑의 증표가 될 붉은 장미를 구하려고 애쓴다.
그러나 어디에서도 붉은 장미를 구할 수는 없고
장미를 얻을 수 있는 유일한 길은
자기를 희생하는 방법밖에 없음을 알게 된다.

"She told me she would dance with me if I brought her red roses," said the young Student. "But there is no red rose in my garden."

From her nest, the Nightingale heard

---

leaden 납으로 만든, 납의　**choose** 선택하다　**wisely** 현명하게　**evermore** 항상, 늘　**paradise** 천국, 극락

him. She looked out through the leaves and wondered.*

"No red rose in the garden!" the Student cried, and his beautiful eyes filled with tears. "Ah, happiness depends on* the littlest things! I have read all that the wise men have written, and I know all the secrets* of philosophy,* but I am doomed to* be unhappy because I have no red rose."

"He is a true lover," said the Nightingale. "Night after night have I sung about him, though I did not know him well. Night after night I have told his story to the stars, and finally I see him. Passion* has made his face like pale* ivory,* and sorrow* has taken over his brow.*"

"The Prince will host* a ball* tomorrow night," murmured* the young Student. "My love will be there. If I can just give her a red rose, she will dance with me till dawn.* If I bring her a red rose, I will hold her in my arms, and she will lean* her head upon my shoulder. Her hand will be clasped* in mine. But there is not a single red rose in my garden, so I shall sit lonely at the ball. She will pass me by, and my heart will break."

"Here indeed* is a true lover," said the Nightingale. "Love is joy to me, but to him it is pain.* Love should be a wonderful thing. It is more precious* than emeralds. Money cannot buy it. It may not be purchased* from the merchants,* nor can it be valued* on the balance.*"

"The musicians* will sit in their gallery,*" said the young Student. "They

---

wonder 궁금해 하다　**depend on** ~에 따라 좌지우지되다　**secret** 비밀　**philosophy** 철학　**be doomed to** ~로 운명 지어지다　**passion** 열정　**pale** 창백한　**ivory** 상아, 상아색　**sorrow** 슬픔, 비애　**brow** 눈썹　**host** 주최하다, 접대하다　**ball** 무도회　**murmur** 중얼거리다　**dawn** 새벽　**lean** 기대다, 상체를 굽히다　**clasp** 꽉 쥐다, 껴안다　**indeed** 참으로, 실제로　**pain** 아픔, 고통　**precious** 귀중한, 값비싼　**purchase** 사다, 구입하다　**merchant** 상인　**value** 값을 매기다　**balance** 천칭, 저울　**musician** 음악가　**gallery** (대형 홀의) 좌석, 자리

will play their stringed instruments,* and my love will dance to the sound of the harp and the violin. She will dance as if her feet do not even touch the floor, and the courtiers* in their gay* dresses will gather* around her. But she will not dance with me, because I have no red rose to give her." Then he flung himself down* on the grass and buried* his face in his hands and cried.

"Why is he crying?" asked a little Green Lizard,* as he ran past him with his tail* in the air.

"Why?" said a Butterfly, who was fluttering about.*

"Why?" whispered* a Daisy to his neighbor* in a soft voice.

"He is crying for a red rose," said the Nightingale.

"For a red rose?" they said. "How very ridiculous*!"

But the Nightingale understood the secret of the Student's sadness.* So she sat silent* in the oak tree* and thought about the mystery* of Love.

Suddenly* she spread* her brown wings and flew into the air. She passed through the grove* like a shadow, and like a shadow* she flew across the garden.

There was a beautiful Rose Tree in the middle of the grassplot.*

"Give me a red rose," the Nightingale cried. "In return,* I will sing you my sweetest song."

But the Rose Tree shook* its head.

"My roses are white," it answered. "Try going to my brother who grows near the

---

stringed instrument 현악기 courtier 조신, 신하 gay (색깔이) 화사한, 화려한 gather 모이다 fling oneself down 털썩 몸을 던지다 bury 묻다, 매장하다 lizard 도마뱀 tail 꼬리 flutter about 퍼덕거리며 날아다니다 whisper 속삭이다, 귀엣말하다 neighbor 이웃 ridiculous 웃기는, 우스꽝스러운 sadness 슬픔, 비애 silent 조용한, 소리 없는 oak tree 참나무 mystery 신비, 미스터리 suddenly 갑자기 spread 펼치다 grove 작은 숲 shadow 그림자 grassplot 잔디밭 in return 답례로 shake 흔들다

old sundial.* Perhaps* he will give you what you want."

So the Nightingale flew over to the Rose Tree that was growing near the old sundial.

"Give me a red rose," she cried. "In return, I will sing you my sweetest song."

But the Rose Tree shook its head.

"My roses are yellow," it answered. "Go to my brother who grows beneath the Student's window. Perhaps he will give you what you want."

So the Nightingale flew over to the Rose Tree that was growing beneath the Student's window.

"Give me a red rose," she cried. "In return, I will sing you my sweetest song."

But the Rose Tree shook its head.

"My roses are red," it answered. "But the winter has chilled* my veins,* and the snow has nipped* my buds,* and the storm* has broken my branches. I will have no roses at all this year."

"One red rose is all I want," cried the Nightingale. "Just one red rose! Is there absolutely* no way for me to get one?"

"There is a way," answered the Rose Tree. "But it is so terrible* that I dare* not tell it to you."

"Tell me," said the Nightingale. "I am not easily afraid."

"You must build it out of music by moonlight,*" said the Rose Tree. "Then you must stain* it with the blood* from your own heart. You must sing to me with your chest* against a thorn.* You must sing to me all night long, and the thorn must pierce* your heart, and your blood

---

sundial 해시계　**perhaps** 아마도, 십중팔구　**chill** 춥게 하다, 오싹하게 하다　**vein** 정맥　**nip** 꼬집다, 집다　**bud** 눈, 싹　**storm** 폭풍　**absolutely** 절대적으로　**terrible** 소름끼치는, 무시무시한　**dare** 감히 ~하다　**moonlight** 달빛　**stain** 착색하다, 물들게 하다　**blood** 피　**chest** 가슴　**thorn** 가시　**pierce** 꿰뚫다, 꿰찌르다

must flow into my veins and become mine."

"Death is a big price to pay for a red rose," cried the Nightingale. "Life is very dear to everyone. But Love is better than Life. Besides, what is the heart of a bird compared to* the heart of a man?"

So she spread her brown wings and soared* into the air. She swept* over the garden like a shadow, and like a shadow she flew through the grove.

The young Student was still lying on the grass with his head in his hands. The tears were not yet dry in his beautiful eyes.

"Be happy," cried the Nightingale. "Be happy, because you will have your red rose. I will build it out of music by moonlight, and stain it with my own blood. All that I want from you in return is that you will be a true lover, for Love is wiser than Philosophy, and mightier* than

Power."

The Student looked up from the grass and tried to listen. But he could not understand what the Nightingale was saying to him because he only knew the things that are written down in books.

But the Oak Tree understood and felt sad. He was very fond of* the little Nightingale who had built her nest in his branches.

"Sing me one last song," the Oak Tree whispered. "I will feel very lonely when you are gone."

So the Nightingale sang to the Oak Tree. When she finished her song, the Student got up. He went back to his room and fell asleep, thinking about his love.

And when the Moon shone in the

---

compared to ~와 비교해서　soar 높이 치솟다, 날아오르다　sweep 휙 날아가 버리다　mighty 강력한, 힘센　be fond of ~을 좋아하다

heavens,* the Nightingale flew to the Rose Tree. She set her breast against the thorn, and all night long she sang that way. The cold crystal* Moon leaned down and listened to her sweet voice. All night long she sang, and the thorn went deeper and deeper into her chest, and her blood left her body.

She sang first about the birth of love in the heart of a boy and a girl. And on the highest branch of the Rose Tree there blossomed* a marvelous rose, petal following petal,* as song followed song. But the rose was still pale.

"Press* harder, little Nightingale," cried the Rose Tree. "Or the day will come before the rose is finished."

So the Nightingale pressed harder against the thorn. She began to sing louder and louder as well, because she was singing about the birth of passion* in the soul* of a man and a maid.*

A delicate* flush* of pink came into the leaves of the rose, like the flush in the face of a bridegroom* when he kisses the lips of his bride. But the thorn had not yet reached the Nightingale's heart. So the rose's heart remained white, because only a Nightingale's blood can crimson* the heart of a rose.

"Press harder, little Nightingale," cried the Rose Tree. "Or the day will come before the rose is finished."

So the Nightingale pressed harder against the thorn, and finally the thorn touched her heart. A vicious* pang* of pain shot* through her. Bitter,* bitter was the pain, and wilder and wilder the song

---

heaven 하늘 **crystal** 맑고 투명한 **blossom** 꽃 피다, 개화하다 **petal** 꽃잎 **press** 내리누르다, 밀다 **passion** 열정 **soul** 영혼, 마음 **maid** 소녀, 아가씨 **delicate** 섬세한, 고운 **flush** 홍조, 붉힘 **bridegroom** 신랑 **crimson** 진홍색으로 물들이다 **vicious** 혹독한, 나쁜 **pang** 격통, 에는 듯한 아픔 **shoot** (통증이) 찌릿찌릿하다 **bitter** 쓰라린, 고통스러운

became. She was now singing about the Love that is perfected* by Death, of the Love that does not die in the tomb.* And the marvelous rose became crimson.

But now the Nightingale's voice became fainter,* and her little wings began to beat,* and a film* came over her eyes. Her song became fainter and fainter, and she felt something choking* her in her throat.

Then the Nightingale gave one last burst of* music. The white Moon heard it, and she forgot the dawn, and stayed on in the sky. The red rose heard it, and it trembled* with ecstasy,* and opened its petals to the fresh, cold morning air. Echo* bore* the song to her purple* cavern* in the hills,* and woke the sleeping shepherds* from their dreams on the way. The song floated* through the reeds* of the river, and they carried its message* to the sea.

"Look, look!" cried the Rose Tree. "The

rose is finished now! It's beautiful!"

But the Nightingale made no answer. She was lying dead in the long grass, with the thorn still in her heart.

In the early afternoon, the Student opened his window and looked out.

"What a wonderful piece of luck!" he cried. "Here is a red rose! I have never seen a more beautiful rose in all my life."

The Student leaned down and plucked* it. Then he put on his hat, and ran up to the Professor*'s house with the rose in his hand. The daughter of the Professor was sitting in the doorway,* winding* blue silk on a reel.* Her little dog was asleep at her feet.

---

perfect 완성하다 **tomb** 무덤, 묘 **faint** 희미한, 가냘픈 **beat** (새가 날개를) 치다 **film** 눈의 흐림 **choking** 숨 막히는 **a burst of** ~의 돌발, 감정의 격발 **tremble** 떨다 **ecstasy** 무아경, 황홀경 **echo** 메아리, 반향 **bear** 맺다 **purple** 자줏빛의 **cavern** 동굴, 땅굴 **hill** 낮은 산, 언덕 **shepherd** 양치기 **float** 뜨다, 떠오르다 **reed** 갈대 **message** 통신, 전갈 **pluck** 뽑다, 잡아 뜯다 **professor** 교수 **doorway** 문간, 현관 **wind** 감다, 칭칭 감다 **reel** 실패

"You promised me that you would dance with me if I brought you a red rose," cried the Student. "Here is the reddest rose in the whole wide world. You can wear it tonight next to your heart, and when we dance together it will tell you how I love you."

But the girl frowned.*

"I am afraid it will not go with my dress," she answered. "And, besides, the Prime Minister*'s son has already sent me some real jewels,* and everybody knows that jewels cost far more than flowers."

"Well, you are rather* ungrateful,* aren't you?" said the Student angrily. Then he threw the rose into the street, where it fell into the gutter,* and a wheel* went over it.

"Ungrateful?" said the girl. "Who do you think you are? I tell you what, you are very rude. And, after all, who are you anyway*?

You're only a Student. I'm probably* right in saying that you haven't even got silver buckles* for your shoes as the Prime Minister's son has." With that, she got up from her chair and stormed* into the house.

"What a silly,* useless* thing Love is," said the Student as he walked away. "It is not half as useful* as Logic,* for it cannot prove* anything. It always talks of things that are not going to happen,* and makes one believe things that are not true. In fact,* it is quite unpractical.* I will go back to Philosophy and study Metaphysics.*"

So he returned to his study and pulled out a great dusty* book, and began to read.

---

frown 눈살을 찌푸리다　Prime Minister 수상, 총리　jewel 보석　rather 상당히, 꽤　ungrateful 고마워할 줄 모르는　gutter (인도와 차도 사이의) 도랑　wheel 바퀴　anyway 아무튼　probably 아마도　buckle (구두 등의) 버클　storm 쿵쾅거리며 가다　silly 어리석은　useless 쓸모없는, 무용한　useful 유용한　logic 논리학　prove 입증하다, 증명하다　happen 일어나다, 생기다　in fact 실제로, 사실　unpractical 비실용적인, 비현실적인　metaphysics 형이상학　dusty 먼지투성이의

Story 03

The Selfish Giant

아름다운 정원을 가진 거인은 심술궂고 이기적이다.
거인은 아이들이 자기 정원에서 노는 것이 못마땅하여
팻말을 세워 아무도 들어오지 못하게 한다.
그런데 이듬해부터 그의 정원에는 봄이 찾아오지 않는다.

Every afternoon, after school, the children used to go and play in the Giant's garden.

It was a big, lovely garden, with soft green grass. Beautiful flowers were scattered* throughout the garden like stars in the sky. There were also twelve peach trees* that in the springtime* broke out* into delicate* blossoms* of pink and pearl.* In the autumn, they bore* rich, delicious fruit. The birds sat on the trees and sang so sweetly that the children used to stop their games just to listen to them.

But one day the Giant* came back. He had been to visit his friend, the Cornish* ogre,* and had lived with him for seven years. When he arrived back at his castle, he saw the children playing in the garden.

"What are you all doing here?" he cried in a very gruff* voice, and the children ran away.

"This is my garden," said the Giant. "I will allow* nobody to play in it but myself." So he built a high wall all around

---

scatter 흩뿌리다, 흩다   peach tree 복숭아나무   springtime 봄철
break out (꽃을) 피우다   delicate 섬세한, 고운   blossom 꽃; 꽃 피다, 개화하다   pearl 진주색(의)   bear 열매를 맺다   giant 거인   Cornish 영국 콘월(Cornwall) 지방의   ogre 사람 잡아먹는 도깨비   gruff (목소리가) 걸걸한
allow 허락하다, 허가하다

the garden, and put up* a notice board.*

NOBODY IS ALLOWED
TO ENTER AND PLAY HERE
IN MY GARDEN.

The Giant was very selfish.*

The poor children now had nowhere* to play. They tried to play on the road, but the road was very dusty* and full of stones, so they did not like it. They wandered* around the high wall when their lessons were over, and talked about the beautiful garden inside.

"We were so happy in there," they said to each other.

Then the spring came, and the country was covered with little blossoms and little birds. However, inside the garden of the Selfish Giant it was still winter. The birds did not try to sing in it as there were no children, and the trees forgot to blossom. Once a beautiful flower put its head out from the grass, but it read the notice board and slipped* back into the ground again, and went off* to sleep.

The Snow and the Frost* were the only happy ones.

"Spring has forgotten this garden," they cried. "Now we can live here all year round."

The Snow covered up the grass with her great white cloak.* The Frost painted all the trees and flowers silver. Then they invited the North Wind to come and stay with them, and he came right away. He was wrapped* in furs,* and he screamed* all day about the garden, and blew the chimney pots* down.*

"This is a delightful* spot,*" he said. "We

---

put up ~을 세우다, 설치하다   notice board 게시판   selfish 이기적인
nowhere 아무 데도 ~ 없는   dusty 먼지가 많은   wander 돌아다니다   slip
슬며시 들어가다(나가다)   go off 시작하다   frost 서리, 서릿발   cloak 망토
wrap 감싸다   fur 부드러운 털, 모피   scream 소리치다   chimney pot 굴뚝
꼭대기의 통풍관   blow down ~을 불어 넘어뜨리다   delightful 매우 기쁜,
유쾌한   spot 장소, 지점

should ask the Hail* to come and visit." So the Hail came. He rattled* on the roof of the castle for three hours every day. He broke most of the slates,* and then he ran round and round the garden as fast as he could go. He was dressed in gray, and his breath* was as cold as ice.

"I cannot understand why the Spring is not coming," said the Selfish Giant. "I hope there will be a change in the weather soon."

But the Spring never came, nor did the Summer. The Autumn gave golden fruit to every garden, but to the Giant's garden she gave nothing.

"He is selfish, so I will give him nothing," she said. So it was always winter in the Selfish Giant's garden, and the North Wind, and the Hail, and the Frost, and the Snow danced about through the trees.

One morning, the Giant was lying awake in bed when he heard lovely music. It sounded so beautiful to his ears that he thought it must be the King's musicians passing by. In reality,* it was only a little linnet* singing outside his window. But it had been so long since he had heard a bird sing in his garden that it seemed to him to be the most beautiful music in the world. Then the Hail stopped dancing over his head, and the North Wind stopped roaring,* and a delicious perfume* came to him through the open window.

"I believe the Spring has come at last," muttered* the Giant. He jumped out of bed and looked out.

Then he saw something wonderful. The children had crept in* through a little

---

hail 싸락눈, 우박 rattle 덜거덕 덜거덕 소리 나다 slate 슬레이트 breath 숨, 호흡 in reality 실은, 실제로 linnet 홍방울새 roar 으르렁거리다, 고함치다 perfume 향기 mutter 중얼거리다 creep in 기어 들어가다

hole in the wall, and now were sitting in the branches of the trees. There was a little child in every tree. And the trees were so glad to have the children back again that they had covered themselves with green leaves and sweet blossoms. Some of them were even waving* their arms gently above the children's heads.

The birds were flying about and twittering* sweetly, and the flowers were looking up through the green grass and laughing. It was a delightful scene, but in one corner it was still winter. It was the farthest corner of the garden, and a little boy was standing in it. He was so short that he could not reach up to the branches of the tree, and so he stood there, crying bitterly.* The poor tree was still covered with frost and snow, and the North Wind was blowing and roaring above it.

"Climb up!" said the Tree. "Come on,

little boy! You can do it!" And it bent* its branches down as low as it could. But the boy was too small.

The Giant's heart ached* as he looked out.

"How selfish I have been!" he thought. "Now I know why the Spring refuses* to come here. I will put that poor little boy on the top of the tree. Then I will knock down* the wall, and my garden will be the children's playground forever and ever." He was really very sorry for what he had done to the children and his garden.

So he crept downstairs and opened the front door quietly and went out into the garden. But when the children saw him, they were so terrified* that they all ran away.*

---

wave 흔들다 twitter 지저귀다 bitterly 서럽게, 비통하게 bend 구부리다
ache 아프다, 쑤시다 refuse 거부하다, 거절하다 knock down 무너뜨리다, 허물다 terrified 겁먹은, 두려워하는 run away 도망치다

In an instant,* the garden became winter again. Only the little boy in the corner did not run, for his eyes were so full of tears that he did not see the Giant coming. The Giant walked up behind him and took him gently in his hand, and put him up onto the tree. And the tree broke at once* into blossom, and the birds came and sang around it.

The little boy stretched out* his two arms and flung* them around the Giant's neck and kissed him. The other children, when they saw that the Giant was kind, came running back. And with them came the Spring!

"This garden is now yours, little children," said the Giant. Then he took a great ax* and knocked down the wall. And when the people were going to the market at twelve o'clock, they saw the Giant playing with the children in the most beautiful garden they had ever seen.

All day long the children played happily, and in the evening they came to the Giant to say goodnight.

"But where is your little friend?" he asked. "Where is the boy I put into the tree?" The Giant loved him the best because he had kissed him.

"We don't know," answered the children. "He's gone."

"You have to tell him to come back here tomorrow," said the Giant. But the children said that they did not know where he lived, and that they had never seen him before. The Giant felt very sad.

Every afternoon, when school was over, the children came and played with the Giant in his garden. But the little boy whom the Giant loved the most was never

---

in an instant 순식간에, 즉시 **at once** 즉시, 당장에 **stretch out** 팔다리 등을 뻗다 **fling** 던지다, 내던지다 **ax** 도끼

seen again. The Giant was very kind to all the children, but he longed for* his first little friend. He often spoke of him, saying, "How I would like to see him again!"

Years passed and the Giant grew very old and feeble.* He could not play in his garden anymore. So he sat in a huge armchair* and watched the children play, admiring* his beautiful garden.

"I have many beautiful flowers," he said. "But these children are the most beautiful flowers of all."

One winter morning, he looked out of his window after breakfast. He no longer hated the Winter, for he knew that it was merely the Spring asleep, and that the flowers were resting.*

Suddenly, he rubbed* his eyes in amazement.* He looked and looked again. In the farthest corner of the garden was a tree covered with lovely white blossoms.

Its branches were all golden and silver fruits hung* down from them. And underneath* it stood the little boy he had loved the most!

The Giant ran downstairs in great joy and out into the garden. He hurried across the grass and went close to the child. And when he came close, his face grew red with anger.

"Who hurt* you?"

On the palms* of the child's hands were the prints* of two nails,* and the prints of two nails were also on his little feet.

"Who hurt you?" cried the Giant again. "Tell me, so that I can kill him with my sword.*"

"No!" answered the child. "These are the

---

long for ~을 애타게 바라다   feeble 연약한, 허약한   armchair 안락의자
admire 감탄하다, 탄복하다   rest 쉬다, 휴식하다   rub 문지르다, 비비다   in amazement 놀라서   hang 걸다, 달아매다   underneath ~ 아래에   hurt 다치게 하다   palm 손바닥   print 자국, 흔적   nail 못   sword 검

wounds* of Love."

"Who are you?" asked the Giant. Then he realized* something, and he knelt* before the little child.

The child smiled warmly at the Giant, and said, "You let me play once in your garden. Today you shall come with me to my garden, which is Paradise.*"

When the children ran into the garden that afternoon, they found the Giant lying dead under the tree, all covered with white blossoms.

Story 04

The Devoted Friend

자신에게 모든 것을 다해 주는 친구가
헌신적인 친구라고 생각하는 이기적인 물쥐가 있다.
이에 홍방울새가 한스와 방앗간 주인의 이야기를 통해
헌신적인 친구에 관한 물쥐의 잘못된 생각을 깨우치려고 한다.

One morning, the old Water Rat* put his head out of his hole. He had bright eyes and stiff* gray whiskers* and his tail* was like a long bit of black rubber.* The little

---

wound 상처, 부상   realize 깨닫다   kneel 무릎 꿇다   paradise 천국
water rat 물쥐, 사향뒤쥐   stiff 뻣뻣한   whisker 수염   tail 꼬리   rubber 고무

ducklings* were swimming in the pond, looking like numerous* yellow canaries. Their mother, who was pure white with real red legs, was teaching them how to stand on their heads in the water.

"You will never be in the best society* unless you learn how to stand on your heads," she said to them. But the little ducklings paid no attention to* her. They were so young that they did not know how important it is to be in society at all.

"What disobedient* children!" cried the old Water Rat. "They deserve* to be drowned.*"

"There's no need for that," answered the Duck. "Everyone has a beginning, and parents must be patient.*"

"Ah! I know nothing about the feelings of parents," said the Water Rat. "I am not a family man. I have never been married,* and I never will be. Love is all very good, but friendship is much better. There is nothing in the world that is either nobler* or rarer* than a devoted* friendship."

"Then tell me, what is your idea of the duties* of a devoted friend?" asked a Green Linnet,* who was sitting in a willow tree* nearby.

"Yes, that is exactly what I want to know," said the Duck. Then she swam away to the end of the pond, and stood upon her head in order to give her children a good example.

"What a silly question!" cried the Water Rat. "I expect* my devoted friend to be devoted to me, of course."

"And what would you do in return*?"

---

duckling 새끼 오리 numerous 다수의, 수많은 society 사회, 공동체 pay attention to ~에 관심을 기울이다 disobedient 순종하지 않는, 복종하지 않는 deserve 마땅히 ~할 만하다 drown 물에 빠져 죽다, 익사하다 patient 인내심 있는 marry 결혼하다 noble 고결한, 숭고한 rare 드문, 진기한 devoted 헌신적인 duty 의무, 본분 linnet 홍방울새 willow tree 버드나무 expect 기대하다, 예상하다 in return 답례로

asked the little bird, flapping* his tiny wings.

"I don't understand you," replied* the Water Rat.

"Let me tell you a story on the subject,*" said the Linnet.

"Is this story about me?" asked the Water Rat.

"It is applicable to* you," answered the Linnet. He flew down, and alighting* upon the bank, he told the story of The Devoted Friend.

"Once upon a time, there was an honest little man named Hans," the Linnet began. "He had a kind heart and a funny round face. He lived in a tiny cottage* all by himself.* He worked in his garden every day. His garden was the loveliest garden in all the countryside. There were damask Roses,* and yellow Roses, lilac* Crocuses,* and gold, purple* Violets.*

"Hans had many friends, but the most devoted friend of all was big Hugh the Miller. The rich Miller was so devoted to Hans that he would never go by his garden without leaning* over the wall.

"'Real friends have everything in common,*' the Miller used to say. Hans would nod* and smile, and felt very proud of* having a friend with such noble ideas.

"Sometimes the neighbors thought it strange that the rich Miller never gave Hans anything in return. But Hans never troubled his head* about these things. Nothing gave him pleasure like listening to all the wonderful things the Miller used to say about the unselfishness* of true

---

flap 날개를 치다, 퍼덕거리다 reply 대답하다 subject 주제 applicable to ~에 적용되는, 해당되는 alight (새가 나무 등에) 내려앉다 cottage 오두막, 작은 집 all by oneself 전적으로, 혼자서 damask rose 담홍색 장미 lilac 엷은 자색 crocus 크로커스 (튤립 비슷한 꽃이 피는 식물) purple 자줏빛의 violet 제비꽃 lean 상체를 구부리다 in common 공통으로 nod (머리를) 끄덕이다 proud of ~을 자랑스러워하는 trouble one's head ~의 일로 골치를 앓다 unselfishness 이타심

friendship.

"During the spring, the summer, and the autumn Hans was very happy. But when the winter came, he had no fruit or flowers to bring to the market. So he suffered* a good deal from cold and hunger, and often had to go to bed without anything to eat but a few dried fruits or some hard nuts.* He was also extremely* lonely during the winter, for the Miller never came to see him then.

"'There is no need for me to go and see Hans during the winter,' the Miller used to say to his wife. 'When people are in trouble* they need to be left alone, and not be bothered* by visitors. That is my idea about friendship, and I am sure I am right. Hence I shall wait till the spring comes, and then I will pay him a visit. Then he will give me a large basket of primroses* and that will make him very happy.'

"'You are so thoughtful* about others,' answered the Wife, sitting down on her comfortable* armchair by the fire.

"'But could we not invite Hans up here?' said the Miller's youngest son. 'If poor Hans is in trouble, I can give him half my porridge.*'

"'You are such a silly boy!' cried the Miller. 'I really don't know why I am sending you to school. You don't seem to have learned anything. If Hans came up here, and saw our warm fire, and our good supper, he might get envious.* And envy* is a most terrible* thing, and would ruin* anybody. I will not allow Hans's personality* to be ruined. I am his best friend, and I will always watch over*

---

suffer 괴로워하다, 고생하다 nut 견과 extremely 극단적으로, 몹시 be in trouble 곤란한 처지에 있다 bother 괴롭히다, 귀찮게 하다 primrose 앵초 thoughtful 사려 깊은 comfortable 기분 좋은, 편안한 porridge 포리지 (죽) envious 질투하는, 샘내는 envy 질투, 시샘 terrible 끔찍한, 지독한 ruin 망치다 personality 인격, 성격 watch over ~을 간호하다, 돌보다

him. Besides, if Hans came here, he may ask me to let him borrow* some flour. I cannot have that. Flour* is one thing, and friendship is another, and they should not be mixed.*

"'You are so right!' said the Miller's Wife, pouring* herself a large glass of warm ale.*

"'Lots of people act well,' answered the Miller. 'But very few people talk well. It only shows that talking is a much more difficult thing to do and the finer thing as well.'

"The Miller then looked sternly* across the table at his little son. The son felt so ashamed of* himself that he hung his head down* and began to cry into his tea."

"Is that the end of the story?" asked the Water Rat.

"No," answered the Linnet. "It is only the beginning. As soon as the winter was over, the Miller said to his wife that he would go down and see Hans.

"'What a good heart you have!' cried his Wife. 'You are always thinking of others. Remember to take the big basket with you for the flowers.'

"So the Miller went down the hill with the basket on his arm.

"'Good morning, Hans,' he said.

"'Good morning,' said Hans, putting down his spade,* and smiling from ear to ear.*

"'And how have you been through the winter?' asked the Miller.

"'It is very good of you to ask," said Hans. "I am afraid I had a really difficult time. But now the spring has come, and I am very happy. All my flowers are growing

---

borrow 빌리다 flour 밀가루 mix 섞다, 혼합하다 pour 따르다, 붓다 ale 에일 (맥주의 일종) sternly 엄격하게, 단호하게 ashamed of ~을 부끄러워 하는, 수줍어하는 hang one's head down 고개를 숙이다 spade 삽 smile from ear to ear 입이 귀에 걸리게 미소 짓다

well.'

"'We talked about you every day during the winter, Hans,' said the Miller. 'We all wondered how you were getting on.'

"'That's kind of you,' said Hans. 'I was afraid that you might have forgotten me.'

"'Hans, how can you think that?' said the Miller. 'Friends never forget each other. That is the wonderful thing about friendship. But it seems you don't fully understand the poetry* of life yet. Your primroses are looking lovely, by the way!'

"'They are, aren't they?' said Hans, 'It's lucky that I have so many. I am going to take them into the market and sell them to the Mayor*'s daughter. Then I'll be able to buy back my wheelbarrow* with the money.'

"'Buy back your wheelbarrow?" cried the Miller. "You mean you sold it? That was a very stupid thing to do!'

"'Well, I had to,' said Hans. 'You see, the winter was a very bad time for me. I had no money at all to buy food with. So first, I sold the silver buttons off my Sunday coat. Then I sold my silver chain. Then I sold my big pipe. Then lastly I sold my wheelbarrow. But I can buy them all back again now.'

"'Hans, wait,' said the Miller. 'I will give you my wheelbarrow. It is not in very good shape.* In fact, one side is gone, and there is something wrong with the spokes.* But still, I'll give it to you. I know it is very generous* of me, and people would say I am foolish for parting* with it. But I am not like everyone else. I believe generosity* is the essence* of friendship. Besides, I recently bought a new wheelbarrow for

---

poetry 시, 시가 **mayor** 시장 **wheelbarrow** 외바퀴 손수레 **in good shape** 상태가 좋은, 모양이 좋은 **spoke** (차 바퀴의) 살 **generous** 관대한, 아량 있는 **part** 떼어 내다 **generosity** 관대, 아량 **essence** 본질, 정수

myself.'

"'That really is generous of you,' said Hans. His funny round face glowed* all over with joy and gratitude.* 'I can easily repair* it, for I have a plank* of wood in the house.'

"'A plank of wood?' said the Miller. 'That is just what I need for the roof of my barn.* There is a very large hole in the roof, and the corn* will all get damp* if I don't fix it up.* How lucky of me! It is quite remarkable* how one good action* always leads to another. I have given you my wheelbarrow, and now you can give me your plank. Of course, the wheelbarrow is worth* far more than the plank. But true friends don't care about things like that. Can you give it to me now? I want to go back and start working on my barn right away.'

"'Certainly,' said Hans. He ran into the

shed* and dragged the plank out.*

"'It is not very big,' said the Miller, looking at it. 'I am afraid that after I have mended* my barn roof there won't be any left for your wheelbarrow. But, obviously,* that is not my fault. And now, as I have given you my wheelbarrow, you'd probably like to give me some flowers in return. Here is the basket. You can fill it up to the top.'

"'To the top?' said Hans rather sorrowfully.* It was a really big basket. He knew that if he filled it, he would have no flowers left for the market.

"'But I have given you my wheelbarrow,' replied the Miller. "I don't think that it is too much to* ask you for a few flowers. I thought that friendship, true friendship, was quite free from* selfishness* of any kind.'

"'My dear friend, my best friend,' said Hans. 'You are welcome to take all the flowers in my garden. I would much rather have your good opinion* than my silver buttons.' Then he ran and plucked* all his pretty primroses and filled the Miller's basket.

"'Good-bye, Hans,' said the Miller. He walked happily up the hill with the plank on his shoulder and the big basket in his hand.

"'Good-bye,' said Hans. He began to work quite happily. He was rather pleased about the wheelbarrow.

"The next morning, Hans heard someone's voice calling to him from the road. He jumped off* his ladder,* ran down the garden, and looked over the wall. It was the Miller with a large sack* of flour on his back.

"'Good morning, Hans,' said the Miller. 'Would you mind carrying this sack of flour for me to market?'

"'Oh, I am so sorry,' said Hans. 'But I am really very busy today. I have to water all my flowers and cut all the grass.'

"'That's a shame,*' said the Miller. 'Considering* that I am going to give you my wheelbarrow, it is rather unfriendly* of you to refuse* to help me.'

"'Oh, don't say that,' said Hans. 'I would never be unfriendly to you.' Then Hans ran in for his cap, and put the big sack on his shoulders.

"It was a very hot day, and the road was very dusty.* Before long, Hans was

---

be free from ~가 없다, ~에서 벗어나다　selfishness 이기심　opinion 의견　pluck 뽑다　jump off 뛰어내리다　ladder 사다리　sack 포대, 자루　shame 치욕, 수치　consider 고려하다　unfriendly 몰인정한, 불친절한　refuse 거절하다, 거부하다　dusty 먼지투성이의, 먼지가 많은

so tired that he had to sit down and rest. However, he went on bravely,* and finally he reached the market. He sold the sack of flour for a very good price, and then he returned home immediately.* He was afraid that if he stopped too often, he might meet some robbers* on the way.

"'It has been a long day,' said Hans to himself as he went to bed. 'But I am glad I did not refuse the Miller, because he is my best friend. Besides, he is going to give me his wheelbarrow.'

"Early the next morning, the Miller came to get the money for his flour. But Hans was so tired that he was still in bed.

"'You're so lazy,' said the Miller. 'Considering that I am going to give you my wheelbarrow, I really thought you might work harder. Idleness* is a great sin,* my friend. I don't like any of my friends to be idle or sluggish.* I hope you don't mind my speaking so plainly* to you. Of course I would not dream of doing so if I were not your friend. But what good is a friendship if one cannot say exactly what one means? Anybody can say charming* things and try to please others. A true friend, however, always says unpleasant things, and does not mind giving pain.'

"'I am very sorry,' said Hans. 'But I was so tired that I thought I would lie in bed for a little while and listen to the birds singing.'

"'That's all very well,' said the Miller, clapping Hans on the back.* 'But get up and get ready now. I want you to come up to the mill* and mend my barn roof for me.'

---

bravely 용감하게 immediately 즉시, 즉각 robber 강도, 도둑 idleness 게으름, 나태 sin 죄, 죄악 sluggish 게으름을 피우는, 나태한 plainly 솔직히, 꾸밈없이 charming 매력 있는, 매력적인 clap ~ on the back ~의 등을 두드리다 mill 물방앗간, 제분소

"Poor Hans was very anxious to* go and work in his own garden. His flowers had not been watered for two days. But he did not want to refuse the Miller, for he was such a good friend to him.

"'Do you think it would be unfriendly of me if I said I cannot go with you?' he asked in a shy and timid* voice.

"'I do not think I'm asking you for too much,' said the Miller. 'And remember, I'm giving you my wheelbarrow. But of course if you refuse, I won't mind going and doing it myself.'

"'No, wait!' cried Hans as he jumped out of bed. He quickly dressed himself and went up to the barn.

"He worked all day long until the sun went down. And at sunset, the Miller came to see how Hans was getting on.

"'Have you finished mending the hole in the roof yet, Hans?' asked the Miller in a cheery* voice.

"'It's finished just now,' answered Hans, coming down the ladder.

"'Good!' said the Miller. 'Nothing feels better than doing something for others.'

"'It is a great privilege* to hear you talk,' answered Hans. He sat down and wiped* his forehead.* 'But I am afraid I will never have such beautiful and wise ideas as you have.'

"'Don't worry!' said the Miller. 'They will come to you. But you must try harder. Right now you only have the practice* of friendship. One day you will have the theory* as well.'

"'Do you really think I will?' asked Hans.

"'I have no doubt,* answered the Miller. 'Anyway, now that you have finished the

---

be anxious to ~을 간절히 바라다, 열망하다 timid 소심한, 겁 많은 cheery 기분 좋은, 명랑한 privilege 특권, 특혜 wipe 씻다, 닦다 forehead 이마 practice 실행, 실천 theory 이론 have no doubt 의심하지 않다, 확신하다

roof, you had better go home and rest. Tomorrow, I want you to drive my sheep to the mountain.'

"Poor Hans was afraid to refuse the Miller. So early the next morning, the Miller brought his sheep around to the cottage, and Hans headed for* the mountain. It took Hans the whole day to get there and back. When he returned, he was so tired that he fell asleep in his chair. He did not wake up until the next afternoon.

"'What a beautiful day to work in my garden,' he said as he went to work.

"But he was never able to look after his flowers because the Miller was always coming around* and sending him off on long errands.* Hans was stressed* at times, for he was afraid his flowers would think he had forgotten them. But he consoled* himself by telling himself that the Miller was his best friend.

"'Besides, he is going to give me his wheelbarrow,' he used to say to himself. 'And that is an act of pure generosity.'

"So Hans worked away for the Miller every day. And the Miller said all kinds of wonderful things about friendship, which Hans wrote down in a notebook and read at night.

"One evening, as Hans was sitting by his fireside,* a loud rap* came at the door. It was a very wild night, and at first he thought it was merely* the storm.* But a second rap came, and then a third, each louder than the previous* one.

"'It must be some poor traveler,' said Hans to himself. He ran to the door and opened it.

---

head for ~로 향하다 **come around** 들르다 **send ~ off on an errand** ~을 심부름 보내다 **stress** 스트레스를 느끼다 **console** 위로하다 **fireside** 난롯가 **rap** 톡톡 두드림 **merely** 그저, 단지 **storm** 폭풍 **previous** 앞의, 이전의

"It was the Miller. He was standing in the rain with a lantern in one hand and a big stick* in the other.

"'Help me, dear Hans,' cried the Miller. 'I am in great trouble. My little boy fell off the ladder and hurt himself.* I am on my way to the Doctor. But he lives so far away, and the weather tonight is so terrible. It has just occurred to* me that it would be much better if you went and got the doctor for me. I'm going to give you my wheelbarrow, and so it is only fair* that you should do something for me in return.'

"'Of course,' said Hans. 'I will leave right away. But you must lend* me your lantern. The night is so dark, and I am afraid I might fall into a ditch.*

"'I am very sorry,' answered the Miller. 'But this is my new lantern, and I don't want it to get damaged.*

"'Well, never mind,' said Hans. He put on his great fur* coat and his warm scarlet* cap, tied* a muffler* round his throat, and started off.*

"The storm was dreadful! The night was so black that Hans could hardly see anything. The wind was so strong that he could barely* stand. He was very courageous,* however, and after about three hours he arrived at the Doctor's house. He knocked on the door.

"'Who is there?' asked the Doctor, putting his head out of his bedroom window.

"'Hans, Doctor.'

"'What do you want at this late hour, Hans?'

"'The Miller's son has fallen off a ladder

---

stick 지팡이, 단장   hurt oneself 부상하다, 다치다   occur to ~에 떠오르다, 생각이 나다   fair 공평한, 올바른   lend 빌려주다   ditch 수로, 도랑   damaged 손상된   fur 모피   scarlet 주홍색(의)   tie 묶다   muffler 머플러, 목도리   start off 출발하다   barely 거의 ~않는   courageous 용기 있는

and has hurt himself. The Miller wants you to come at once.'

"'All right!' the Doctor replied. He got his big boots and his lantern and came downstairs. He ordered his horse to be ready, and soon rode off in the direction of* the Miller's house. Hans, meanwhile, ran along behind him.

"But the storm grew worse and worse. The rain fell in heavy torrents.* Soon Hans could not see where he was going or keep up with* the horse. At last he became lost, and wandered off* on the moor.* The moor was a very dangerous place, as it was full of deep holes. And alas! Poor Hans drowned.* His body was found the next day, floating* in a great pool* of water, and was brought back to the cottage.

"Everybody went to Hans's funeral. He was a very popular man. The Miller was the chief mourner* at the funeral.*

The Devoted Friend 87

"'I was his best friend,' said the Miller. 'So it is only fair that I should have the best place.' Then he walked at the head of the procession* in a long black cloak,* and he wiped his eyes with a big handkerchief every now and then.*

"'The death of Hans is certainly a great loss* to everyone,' said the Blacksmith.* The funeral was over, and they were all seated comfortably* in the inn,* drinking warm wine and eating sweet cakes.

"'A great loss to me, at least,* answered the Miller. 'I kept my old wheelbarrow because I was going to give it to him. Now I don't know what to do with it. It is taking up* a lot of space* at my house, and it is in

---

in the direction of ~의 방향으로 torrent 마구 쏟아짐, 빗발침 keep up with ~에 뒤떨어지지 않다 wander off 배회하다, 쏘다니다 moor 습지, 습원 drown 물에 빠져 죽다, 익사하다 float 뜨다, 떠오르다 pool 웅덩이 chief mourner 상주, 상제 funeral 장례식 procession 행렬 cloak 망토 every now and then 때때로, 이따금 loss 상실 blacksmith 대장장이 comfortably 기분 좋게, 편안하게 inn 선술집, 주막 at least 적어도 take up ~을 차지하다 space 공간

such a bad condition that I cannot even sell it. I should have just thrown it away a long time ago. I will never try to give away anything again. One always suffers for being so generous.'"

"And then?" said the Water Rat, after a long pause.

"Well, that is the end of the story," said the Linnet. "Don't you see the moral* of the story?"

"What? That story had a moral?"

"Of course," said the Linnet.

"Well, you really should have told me that before you began," said the Water Rat angrily. "If you had done so, I would not have listened to you at all." With that, he gave a whisk* with his tail and went back into his hole.

Story 05

The Remarkable Rocket

왕자와 공주의 결혼식에 불꽃놀이가 행해진다.
로켓 폭죽은 물에 젖는 바람에 발사되지 못한 채 버려지지만
여전히 자신이 제일 잘났다고 잘난 척하기에 바쁘다.

The King's son was soon about to* wed* his wife, so there were great rejoicings.* He had waited a whole year for his bride,* and finally she had arrived. She was a

---

moral 교훈 give a whisk 휘젓다, 재빨리 획 가져가다 be about to 막 ~하려고 하다 wed ~와 결혼하다 rejoicing 환호, 축하 bride 신부, 새색시

Russian Princess. She had come all the way* from Russia in a sledge* drawn* by six reindeer.* The sledge was shaped* in the form of a great golden swan.* The little Princess sat between the swan's wings. She wore a tiny silver cap, and she was as pale* as the Snow Palace in which she had always lived.

"She is like a white rose!" the people cried as she drove through the streets. The people liked her, and they threw down flowers on her from the balconies.*

The Prince waited for her at the gate* of the Castle. He had dreamy* violet* eyes, and his hair was like gold. When she arrived, he dropped to one knee* and kissed her hand.

"Your picture was beautiful," he said. "But you are even more beautiful in real life."

The little Princess blushed.*

"She was like a white rose before," said a young Page* to his friend. "But now she is like a red rose."

For the next three days, everybody in the city went about* saying, "White rose, Red rose, Red rose, White rose." The King was so delighted* that he gave orders* for the Page's salary* to be doubled.* As he received* no salary at all, this was not of much use* to him. But it was still considered* a great honor* and was published* in the Court* Gazette.*

When the three days were over, the marriage* was celebrated.* It was a wonderful ceremony,* and the bride and

---

come all the way 먼 길을 무릅쓰고 오다 sledge 썰매 draw 끌다 reindeer 순록 shape 틀을 잡다, 모양을 만들다 swan 백조, 고니 pale 창백한 balcony 발코니 gate 출입문, 관문 dreamy 꿈꾸는 듯한 violet 보라색 drop to one knee 한쪽 무릎을 꿇다 blush 얼굴을 붉히다 page 시동(侍童), 사환 go about 돌아다니다 delighted 기쁜 give an order 명령을 내리다 salary 봉급, 급료 double 두 배로 하다 receive 받다, 수취하다 be of (much) use 소용이 (많이) 되다, (매우) 유익하다 consider 간주하다, 여기다 honor 명예, 영예 publish 발표하다, 출간하다 court 궁중, 왕실 gazette 관보, 공보 marriage 결혼 celebrate 거행하다 ceremony 식, 의식

bridegroom* walked hand in hand under a canopy* of purple* velvet.* Then a banquet* was held,* which lasted for five hours. The Prince and Princess sat at the top of the Great Hall. They drank together out of a cup of clear crystal.* Only true lovers could drink out of this cup, because if false* lips touched* it, it grew gray* and dull* and cloudy.*

"It's clear that they love each other," said the little Page. "It's as clear as crystal!" The King was delighted once again, and he doubled the Page's salary a second time.

"What an honor!" cried all the courtiers.*

After the banquet was the Ball.* The bride and bridegroom danced, and the King played the flute. He played very badly,* but no one ever dared* to tell him so because he was the King. It didn't matter,* because whatever he did, everybody cried out, "Charming*! Charming!"

The night ended with a grand* display* of fireworks* which began at exactly midnight. The little Princess had never seen fireworks in her life, so the King had given orders for special fireworks.

"What are fireworks like?" she had asked the Prince one morning.

"They are like the Northern Lights," said the King, who liked answering questions that were addressed* to other people. "But they are much more natural.* I prefer* them to stars myself, for you can choose* when they appear.* They are as delightful* as my flute-playing. You have to see them."

---

bridegroom 신랑 canopy 천개, 닫집 purple 자주색의 velvet 벨벳, 우단 banquet 연회, 축하연 hold 개최하다, 열다 crystal 크리스털, 수정 false 거짓의 touch 건드리다, 만지다 gray 회색의, 쥐색의 dull 우중충한 cloudy 얼룩이 있는 courtier 조신, 신하 ball 무도회 badly 서투르게 dare 감히 ~하다 matter 중요하다 charming 매력적인 grand 웅장한, 웅대한 display 전시, 진열 fireworks 불꽃놀이 address 말을 걸다 natural 자연 그대로의, 가공하지 않은 prefer 오히려 ~을 좋아하다 choose 고르다, 선택하다 appear 나타나다, 출현하다 delightful 매우 기쁜, 즐거운

So a great stand* had been set up at the end of the King's garden. And as the Royal* Pyrotechnist* had put everything in its proper* place, the fireworks began to talk among themselves.

"The world is very beautiful," cried a little Firecracker.* "Take a look at those yellow tulips. I am very glad I have traveled in my lifetime.* Travel improves* the mind, and gets rid of* one's prejudices.*"

"The King's garden is not the whole world, you foolish Firecracker," said a big Roman Candle.* "The world is a huge* place. It would take you three days to see it all."

"Any place you love is the world to you," said a Catherine Wheel.* "But love is not popular* anymore. The poets* have killed it. They all wrote so much about it that people became sick of it, and I am not surprised.* True love is painful* and silent.* I was in love once, but it doesn't matter now. Romance* is a thing of the past."

"That is nonsense*!" said the Roman Candle. "Romance never dies. It is like the moon and lives forever. The Prince and the Princess, for instance, love each other very dearly. I heard all about their love this morning from a brown paper cartridge.* He knows the latest Court news."

"Romance is dead, Romance is dead, Romance is dead," the Catherine Wheel said, shaking* her head. She was one of those who think that saying the same thing over and over eventually* makes it come true.*

---

stand 자리, 관람석 royal 왕실의 pyrotechnist 폭죽 제조자 proper 적당한, 적절한 firecracker 폭죽 in one's lifetime ~의 일생에, ~가 살면서 improve 개발하다, 향상시키다 get rid of ~을 제거하다, 없애다 prejudice 편견, 선입관 Roman Candle 원통형 꽃불 폭죽 huge 거대한 Catherine Wheel 회전 불꽃 폭죽 popular 인기 있는 poet 시인 surprised 놀란 painful 아픈, 고통을 주는 silent 조용한, 소리 없는 romance 로맨스 nonsense 허튼소리 cartridge 화약통 shake 흔들다 eventually 결국, 드디어 come true 실현되다, 현실화되다

Then a sharp,* dry cough* was heard. They all looked round.

It came from a tall, arrogant-looking* Rocket. He was tied* to the end of a long stick.* He always coughed before he said anything, so as to attract attention.*

"Ahem! Ahem!" he said. Everybody listened except the poor Catherine Wheel. She was still shaking her head and murmuring,* "Romance is dead, Romance is dead."

"Order! Order!" shouted a Cracker.* He was a kind of a politician,* and had always taken a big part in the local* elections.* That's how he knew the proper Parliamentary* expressions* to use.

"It's dead," whispered* the Catherine Wheel before falling asleep.

Once it had become perfectly* silent, the Rocket coughed a third time and began. He spoke with a very slow, distinct* voice, as if he were reading out his memoirs.* He always looked over the shoulder of the person he was talking to. He had a most distinguished* manner.*

"The King's son is very fortunate,*" he said. "He is lucky to be marrying on the very day that I am to be let off.* Princes are always lucky."

"Dear me!" cried the Firecracker. "I thought it was the other way, and that we were being let off in the Prince's honor."

"It may be so in your case," the Rocket answered. "But with me it is different. I am one remarkable* Rocket. I come from a family of remarkable fireworks.

---

sharp 날카로운   **cough** 기침, 헛기침; 기침하다   **arrogant-looking** 거만해 보이는   **tie** 묶다   **stick** 막대기, 나무토막   **attract attention** 관심을 사로잡다   **murmur** 중얼거리다   **cracker** 작은 폭죽   **politician** 정치가   **local** 지방의, 고장의   **election** 선거   **parliamentary** 의회의   **expression** 표현   **whisper** 속삭이다, 귀엣말을 하다   **perfectly** 완전히, 완벽하게   **distinct** 뚜렷한, 명료한   **memoir** 회고록   **distinguished** 두드러진, 현저한   **manner** 태도, 몸가짐   **fortunate** 운이 좋은, 행운의   **let off** 발사하다, 쏘다   **remarkable** 도드라진, 돋보이는

My mother was the most celebrated* Catherine Wheel of her day. She was loved for her graceful* dancing. When she made her great public appearance,* she managed to* spin* round nineteen times before she went out. Each time she spun, she threw into the air seven pink stars. She was three feet and a half in diameter,* and was made using the very best gunpowder.* My father was a Rocket like myself, and he was from France. He flew so high that the people thought he would never come down again. He did come back down, though, because he was of a kindly disposition.* He made the most brilliant* descent* in a shower of golden rain. Even the newspapers wrote about his performance* in very flattering* terms.* The Court Gazette called him a triumph* of Pyrotechnic art.*"

"Pyrotechnic art, you mean," said a

Bengal Light.* "I know it is Pyrotechnic art. I saw it written on my own canister.*"

"Well, I said Pyrotechnic art," answered the Rocket in a serious tone of voice. The Bengal Light felt so crushed* that he began bullying* the little firecrackers in order to show that he was still a person of some importance.*

"So as I was saying—What was I saying?" said the Rocket.

"You were talking about yourself," said the Roman Candle.

"Of course. I remembered I was discussing* some interesting subject* when I was so rudely* interrupted.* I

---

celebrated 유명한, 저명한 graceful 우아한 make one's appearance ~의 모습을 잠깐 보이다, 출두하다 manage to 용케 ~하다 spin 뱅뱅 돌다 diameter 지름, 직경 gunpowder 화약 disposition 성질, 기질 brilliant 훌륭한, 화려한 descent 강하, 하강 performance 실행, 성과 flattering 아첨하는, 알랑거리는 term 말, 용어 triumph 승리 pyrotechnic art 불꽃놀이 예술 Bengal Light 뱅골 불꽃 폭죽 canister 흡수통, 산탄 crushed 박살이 난, 압도당한 bully 괴롭다, 겁주다 of importance 중요한, 중대한 discuss 논의하다 subject 주제 rudely 버릇없이, 무례하게 interrupt 가로막다, 저지하다

hate rudeness* and bad manners. I am extremely* sensitive,* you see. No one in the whole world is as sensitive as I am. I am quite sure of that."

"What does it mean to be a sensitive person?" asked the Cracker to the Roman Candle.

"A person who, because he has plenty, always treads on others' toes,*" answered the Roman Candle in a low whisper. The Cracker nearly exploded with laughter.*

"What are you laughing at?" asked the Rocket. "I didn't say anything funny."

"I am laughing because I am happy," said the Cracker.

"That is a very selfish* reason to laugh," said the Rocket angrily. "Who gave you the right* to be happy? You should think about others more. You should be thinking about me. I am always thinking about myself, and everyone else should do the same. We call that sympathy.* It is a beautiful virtue,* and I have much of it. Imagine* if anything were to happen* to me tonight. What a misfortune* that would be for everyone! The Prince and Princess would never be happy again! Their marriage would be spoiled.* As for the King, I know he would not get over* it forever. When I think about the importance of my position, I am almost moved to tears."

"If you want to give pleasure to others, you should keep yourself dry," said the Roman Candle.

"He's right," exclaimed* the Bengal Light, who was now feeling better. "That's common sense.*"

---

rudeness 무례 extremely 극도로, 몹시 sensitive 민감한 tread on one's toes ~을 화나게 하다 explode with laughter 웃음을 터뜨리다, 폭소하다 selfish 이기적인 right 권리 sympathy 동정심, 연민 virtue 미덕 imagine 상상하다 happen 일어나다, 생기다 misfortune 불운, 불행 spoil 망치다 get over ~을 극복하다 exclaim 소리치다 common sense 상식

"But you forget that I am very uncommon,*" said the Rocket. "I am very remarkable. Anybody can have common sense, as long as they have no imagination.* But I have imagination. In fact,* I never think of things as they really are. As for keeping myself dry, there is clearly no one here who can appreciate* an emotional* personality.* Luckily for me, I don't care. The only thing that helps one through life is the awareness* of the inferiority* of everyone else. This is a feeling that I have always had. But you are not like me. Look at you all. Here you are laughing and having fun as if the Prince and Princess had not just been married."

"Why shouldn't we be happy?" said a small Fire Balloon. "It is a joyful* occasion,* and when I soar up* into the air I intend* to tell the stars all about it. You will see the stars twinkle* when I tell them about the pretty bride."

"Ah! You have a trivial* view of life!" said the Rocket. "But I cannot expect* more from you. There is nothing in you. You are completely* hollow* and empty.* Imagine, perhaps* the Prince and Princess may go and live in a country where there is a deep river. Perhaps they will have only one son, a little fair-haired* boy with violet eyes like the Prince himself. Perhaps one day he will go out to walk with his nurse.* Perhaps the nurse may go to sleep under a great tree. Then perhaps the little boy might fall into the deep river and be drowned. What a terrible* misfortune*! The poor Prince! To lose their only son! It

---

uncommon 비상한, 비범한　imagination 상상　in fact 사실, 실제로
appreciate 진가를 알아보다, 인식하다　emotional 감정적인　personality
성격, 성질　awareness 자각, 인식　inferiority 하위, 열등　joyful 기쁜,
기쁨에 찬　occasion 행사　soar up 날아오르다　intend 작정이다
twinkle 반짝반짝 빛나다　trivial 하찮은, 평범한　expect 기대하다, 예상하다
completely 완전히　hollow 속이 빈　empty 빈, 비어 있는　perhaps
아마, 어쩌면　fair-haired 금발의　nurse 유모　terrible 무서운, 끔찍한
misfortune 불운, 불행

is truly dreadful*! I shall never get over it."

"But they have not lost their only son," said the Roman Candle. "No terrible thing has happened to them at all."

"I never said that they had," replied the Rocket. "I just said that they might. If they were to really lose their only son, there would be no use in saying anything more about the matter. I despise* people who cry over spilt* milk. But when I think that they might lose their only son, I am very much affected.*"

"You certainly are!" exclaimed the Bengal Light. "In fact, you are the most affected thing I have ever met."

"And you are the rudest thing I have ever met," said the Rocket. "You will never understand my friendship for the Prince."

"But you don't even know him," laughed the Roman Candle.

"I never said I knew him," said the

Rocket. "If I knew him, I should not be his friend at all. Knowing one's friends is a very dangerous thing."

"You should really keep yourself dry," said the Fire Balloon. "That is the important thing for you right now."

"I have no doubt it is very important for you," answered the Rocket. "But I will cry if I want to." Then he burst into real tears,* which flowed down his stick like raindrops* and nearly drowned two little beetles.*

"He must have a real romantic heart," said the Catherine Wheel. "He always cries when there is nothing at all to cry about."

But the Roman Candle and the Bengal Light were indignant.* They kept saying, "Fraud*! Fraud!" at the top of their voices.

---

dreadful 무서운, 두려운 **despise** 경멸하다, 혐오하다 **spill** 엎지르다
affected 영향을 받은, 감정을 품은 **burst into tears** 와락 울음을 터뜨리다
raindrop 빗방울 **beetle** 딱정벌레 **indignant** 분개한, 성난 **fraud** 사기, 기만

They were very practical* things, and whenever they objected to* anything they called it fraud.

Then the moon rose* and the stars began to shine.* A beautiful sound of music came from the palace.

The Prince and his bride were leading the dance. They danced so beautifully that the tall white lilies looked in through the window and watched them.

Then the clock struck ten o'clock, then eleven, and then twelve. At the last stroke* of midnight, everyone came out onto the terrace,* and the King sent for the Royal Pyrotechnist.

"Let the fireworks begin!" said the King. The Royal Pyrotechnist made a low bow, and walked down to the end of the garden. He had six attendants* with him, each of whom carried a lighted* torch.*

The display of fireworks was truly

magnificent.*

Whizz*! Whizz! The Catherine Wheel went up, spinning round and round. Boom*! Boom! Up went the Roman Candle. Then the Firecrackers danced all over the place, and the Bengal Lights made everything look red.

"Good-bye!" said the Fire Balloon as he soared away, dropping tiny blue sparks.*

"Good-bye!" answered the Crackers, who were enjoying themselves.

Everyone was a great success* except for the Remarkable Rocket. He was so damp* with his own tears that he could not go off* at all. All his friends, to whom he would never speak except with a sneer,* shot up into the sky like wonderful golden

---

practical 현실적인, 실용적인 object to ~에 반대하다 rise 뜨다 shine 빛나다, 반짝이다 stroke 울림, 타격 terrace 테라스 attendant 시종 lighted 불 켜진 torch 횃불 magnificent 웅장한, 성대한 whizz 윙, 핑 boom 핑 하고 울리는 소리 spark 불꽃, 불티 success 성공 damp 축축한, 습기 찬 go off 출발하다, 발사되다 sneer 조소, 냉소

flowers. This made the little Princess laugh with pleasure.

"They are probably reserving* me for some grand occasion," said the Rocket, looking more arrogant than ever.

The next day, the workmen* came to tidy everything up.* The Rocket put his nose in the air, and began to frown* severely* as if he were thinking about some very important subject.* But the workmen took no notice of* him. Then one of them caught sight of* him.

"Hello!" he cried. "What a bad rocket!" Then he threw him over the wall into the ditch.*

"BAD Rocket? BAD Rocket?" he said as he flew through the air. "GRAND Rocket, that must be what the man said. BAD and GRAND sound very similar.*" Then he fell into the mud.*

"It is very uncomfortable* here," he said.

"It is no doubt some fashionable* watering place.*"

Then a little Frog swam up to him.

"You must be a new arrival*!" said the Frog. "After all, there is nothing like mud. If some rain and a ditch were given to me, I am happy. Do you think it will be a wet* afternoon? I hope so, but the sky seems quite blue and cloudless.* What a pity*!"

"Ahem! Ahem!" the Rocket began to cough.

"What a wonderful voice you have!" cried the Frog. "It sounds just like a croak,* and croaking is of course the most musical* sound in the world. You will hear our singing this evening. We sit in the old

---

reserve 남겨 두다 workman 노동자 tidy up ~을 치우다, 정리하다 frown 눈살을 찌푸리다 severely 심하게, 엄하게 subject 주제 take notice of ~에 주목하다, ~을 알아차리다 catch sight of ~을 찾아내다, 언뜻 눈에 띄다 ditch 수로, 도랑 similar 유사한, 비슷한 mud 진창 uncomfortable 불편한 fashionable 최신 유행의, 유행하는 watering place 물 마시러 오는 곳, 온천 arrival 도착자 wet 젖은, 비 내리는 cloudless 구름 없는, 맑게 갠 pity 애석한 일, 유감스러운 일 croak 개굴개굴 우는 소리; 개굴개굴 울다 musical 음악적인

duck pond close by the farmer's house, and we begin when the moon rises. It is so beautiful that everybody stays awake* to listen to us. Yesterday I heard the farmer's wife say to her mother that she could not get a wink of sleep at night because of us. It is so nice to be so popular."

"Ahem! Ahem!" said the Rocket angrily. He was very annoyed* because he could not get a word in.*

"A delightful* voice, a delightful voice," continued* the Frog. "I hope you will come over to the duck pond tonight. Now I need to go and look for my daughters. I have six beautiful daughters. Well, goodbye. I really enjoyed our conversation.*"

"Conversation?" said the Rocket. "You talked the whole time. That is not conversation."

"But someone has to listen," answered the Frog. "And I enjoy doing all the talking myself. It prevents* arguments.*"

"But I like arguments," replied the Rocket.

"Arguments are vulgar.* Besides, everybody in good society* holds exactly the same opinions. Good-bye for the second time. I see my daughters in the distance." And with that, the little Frog swam away.

"You are a very irritating* thing," the Rocket said at the Frog. "I hate people who only talk about themselves, like you, especially when the other wants to talk about oneself, like me. That is selfish. You should learn from me. There is no better model.* But you'd better learn quickly, for I am going back to Court soon. The Prince

---

stay awake 깨어 있다 **annoyed** 짜증 난, 화가 난 **get a word in** 남의 대화에 끼어들어서 말하다 **delightful** 즐거운, 몹시 유쾌한 **continue** 말을 잇다 **conversation** 대화 **prevent** 막다, 방해하다 **argument** 논쟁 **vulgar** 상스러운, 저속한 **society** 사회 **irritating** 신경질 나는, 짜증나는 **model** 모범, 귀감

and Princess were married yesterday in my honor. Of course you know nothing about this sort of thing, because you are a provincial.*"

"There is no point in* talking to him," said a Dragonfly,* who was sitting on the top of a large brown bulrush.* "He's already gone far away."

"Well, that is his loss, not mine," replied the Rocket. "I will not stop talking to him simply because he pays no attention. I like hearing myself talk. I have long conversations all by myself every day. I am so clever that sometimes I don't understand even a single word of what I am saying."

"Then you should give lectures* on Philosophy,*" said the Dragonfly. Then he spread* a pair of lovely gauze* wings and soared away into the sky.

"How silly of him not to stay!" said the

Rocket. "I was going to teach him how to improve his mind. Well, never mind."

He sank down* a little deeper into the mud.

After some time, a large White Duck came up to him. She had yellow legs and webbed* feet. People said that she waddled* in the most beautiful manner.

"Quack, quack, quack," she said. "You look very strange! Were you born like that, or is it the result* of an accident*?"

"It is quite clear that you have lived in the country all your life," answered the Rocket. "If you had lived in the city, you would know who I am. However, I forgive* your ignorance.* It would be unfair* for me to expect others to be as

---

provincial 시골뜨기 there is no point in -ing ~해도 소용없다
dragonfly 잠자리 bulrush 부들, 골풀(식물) give a lecture 강연하다
philosophy 철학 spread 펴다, 펼치다 gauze 거즈 sink down
가라앉다, 침몰하다 webbed 물갈퀴가 달린 waddle 뒤뚱거리며 걷다 result
결과 accident 사고 forgive 용서하다 ignorance 무지, 무식 unfair
불공평한

remarkable as myself. You would probably be surprised to hear that I can fly up into the sky, and come down in a shower of golden rain."

"I don't see what is so great about that," said the Duck. "I cannot see what use it is to anyone. If you could plow* the fields like the ox,* or draw a cart* like the horse, or look after the sheep like the collie, that would be something remarkable."

"You poor creature,*" cried the Rocket in a very haughty* tone of voice. "I see that you belong to* the lower class. Something of my high position* is never useful. We have certain accomplishments,* and that is always more than sufficient.* I have no interest in any kind of productive* work, especially the sort of work you recommend.*"

"Well, everyone has different tastes,*" said the Duck, who didn't like to argue.

"In any case, I hope that you're going to stay here."

"Oh! No way!" cried the Rocket. "I am only a visitor, a distinguished* visitor. I find this place rather boring. Besides, I really need to go back to Court."

"It's time for me to eat," said the Duck, and she swam away down the stream,* saying, "Quack, quack, quack."

"Come back! Come back!" screamed the Rocket. "I have much more to say to you."

The Duck paid no attention to him.

"I am glad that she has gone," he told himself. "She is so middle-class.*"

He sank a little deeper into the mud.

He was thinking about the loneliness* of being a genius,* when suddenly two

---

plow 쟁기로 갈다, 경작하다   ox 황소   cart 마차, 수레   creature 생물, 녀석   haughty 오만한, 거만한   belong to ~에 속하다   position 지위, 신분   accomplishment 성과, 업적   sufficient 충분한, 흡족한   productive 생산적인   recommend 추천하다   taste 취향, 기호   distinguished 뛰어난, 빼어난   stream 개울, 시내   middle-class 소시민적인, 중산층의   loneliness 고독, 외로움   genius 천재

little boys came running down the bank with a kettle.*

"They must have come to take me back to Court," said the Rocket, trying to look very dignified.*

"Look at this old stick!" said one of the boys. "I wonder how it came here." The boy picked the Rocket out of the ditch.

"OLD Stick?" thought the Rocket. "Impossible! GOLD Stick, that must be what he said."

"Let's put it into the fire!" said the other boy. "It will help to boil* the kettle."

So they piled* some wood, put the Rocket on top, and lit the fire.

"This is magnificent," said the Rocket. "They are going to let me off in broad daylight,* so that everyone can see me."

"Let's sleep for a while," one of the boys said. "When we wake up, the kettle will be boiled." And they lay down on the grass and shut their eyes.

The Rocket was very wet, so he took a long time to burn. At last, the fire caught him.

"I am going off!" he cried. He made himself very stiff* and straight.* "I will go much higher than the stars, much higher than the moon, much higher than the sun."

Fizz*! Fizz! Fizz! And he went straight up into the air.

"Wonderful!" he cried. "I will go on like this forever. How magnificent I am!"

But nobody saw him. Then he felt a curious* tingling* sensation* all over him.

"Now I am going to explode*!" he cried. "I will set the whole world on fire,* and

---

kettle 찻주전자 dignified 위엄 있는, 기품 있는 boil 끓이다, 비등시키다
pile 쌓다, 쌓아 올리다 in broad daylight 백주에, 대낮에 stiff 뻣뻣한
straight 똑바로 선, 수직의 fizz 쉿 하는 소리 curious 이상한, 묘한
tingling 톡톡 쏘는, 얼얼한 sensation 감각, 지각; 센세이션, 돌풍 explode
폭발하다, 파열하다 set on fire 흥분시키다, 격분시키다

make such a noise* that everyone will talk about me for a whole year."

Bang! Bang! Bang! He did explode very loudly.

But nobody heard him. Not even the two little boys heard him because they were sound asleep.

All that was left of him now was the stick. It fell down onto the back of a Goose who was taking a walk by the side of the ditch.

"Goodness!" cried the Goose. "Is it raining sticks?" Then she rushed* into the water.

"I knew I would create* a great sensation!" said the Rocket, and he went out.

Story 06

The Young King

양치기의 아들로 살아가던 소년이
왕의 손자로 밝혀지고 왕으로 즉위한다.
대관식을 앞두고 젊은 왕은 끔찍한 악몽에 시달린다.

The night before his coronation,* the young King was sitting alone in his beautiful room. His courtiers* had all bid him good night,* bowing* their heads to

---

make a noise 떠들다, 떠들어대다 **rush** 돌진하다 **create** 창조하다
coronation 대관식 **courtier** 조신, 신하 **bid ~ good night** ~에게 잘 자라고 인사하다 **bow** 머리를 숙이다, 절하다

the ground. They retired* to the Great Hall of the Palace to receive a few last lessons from the Professor* of Etiquette.*

The young King was only sixteen years old. He was glad to be alone, and flung himself back* with a deep sigh* of relief* on the soft cushions* of his embroidered* couch.* He lay there, wild-eyed* and with an open mouth like a young animal of the forest* caught by hunters.*

And, indeed,* it was the hunters who had found him. They found him almost by chance* as he was following the animals of the poor shepherd* who had brought him up.* He had always thought, without any doubt, that he was the shepherd's son.

In reality,* he was the child of the old King's only daughter. She had given birth to* him through a secret* marriage* with someone much beneath* her. Some said that the bridegroom* was a stranger, who, by the wonderful magic of his lute-playing,* had made the young Princess fall in love with him. Some said that he was an artist* from Rimini, who one day suddenly disappeared* from the city, leaving his work in the Cathedral* unfinished.*

In any case, the young King was stolen* away from his mother when he was only a week old. He was then given into the charge* of a common* shepherd and his wife, who were without children of their own.

So he lived his life in a remote* part of the forest, more than a day's ride* from

---

retire 물러가다 professor 교수 etiquette 예의, 예법 fling oneself back 몸을 뒤로 젖히다 sigh 탄식 relief 안도, 안심 cushion 쿠션, 방석 embroidered 수놓아진 couch 긴 의자, 소파 wild-eyed 매서운 눈매의 forest 숲 hunter 사냥꾼 indeed 정말로 by chance 우연히 shepherd 양치기 bring up ~을 키우다, 기르다 in reality 실은, 실제로는 give birth to ~을 낳다 secret 비밀의, 은밀한 marriage 결혼, 혼인 beneath ~보다 아래의 bridegroom 신랑 lute-playing 류트 연주 artist 예술가 disappear 사라지다 cathedral 대성당 unfinished 미완성인 steal 훔치다 charge 책임, 의무 common 평범한 remote 먼, 외진 ride (말이나 차 등을) 타기, 탐

the town. Grief,* or the plague* as some suggested,* killed the Princess who had given him birth. As the trusty* messenger* who delivered* the child to the shepherd knocked on his door, the body of the Princess was being lowered* into an open grave* in a deserted* churchyard.*

Such, at least, was the story that people whispered* to each other. What was clear was that the old King, when on his deathbed,* was moved by remorse* for his great sin.* He also wished that the kingdom* should not pass away from his bloodline.* So he had sent for the lad,* and, in the presence of* the Council,* had acknowledged* him as his heir.*

From the very first moment of his recognition,* the young King showed a passion* for beauty and magnificence* that he was now destined to* enjoy all his life. Those who accompanied* him in the palace spoke of the cries of pleasure that broke from his lips. He marveled* at all the delicate* clothes and rich jewels* that had been prepared* for him. He happily threw away his rough* leathern* tunic* and coarse* sheepskin* cloak.*

But he did, however, miss* the fine freedom* of his forest life from time to time.* He also grew increasingly* annoyed* at the boring Court ceremonies* that occupied* so much of each day.

But the wonderful palace of which

---

grief 슬픔, 비탄 plague 역병, 페스트 suggest 암시하다, 시사하다 trusty 믿음직한 messenger 전령 deliver 배달하다, 전하다 lower 낮추다, 내리다 grave 무덤, 묘 deserted 인적이 끊긴 churchyard (교회의) 뜰, 경내 whisper 속삭이다, 귀엣말하다 deathbed 죽음의 자리, 임종 remorse 후회, 양심의 가책 sin 죄, 죄악 kingdom 왕국 bloodline 혈통, 혈족 lad 젊은이 in the presence of ~의 면전에서 the Council 추밀원 acknowledge 인정하다 heir 상속인 recognition 인식, 인지 passion 열정, 격정 magnificence 장려, 웅장 be destined to ~으로 운명 지어지다 accompany 동반하다, 수행하다 marvel 놀라다, 경탄하다 delicate 섬세한, 고운 jewel 보석 prepare 준비하다, 마련하다 rough (결 등이) 거친, 투박한 leathern 가죽의, 가죽으로 만든 tunic 튜닉 coarse 조잡한 sheepskin 무두질한 양가죽 cloak 망토 miss 그리워하다 freedom 자유 from time to time 때때로, 이따금 increasingly 점점, 더욱 더 annoyed 짜증 난, 화가 난 ceremony 의식 occupy 차지하다

he was now lord* seemed to him to be a whole new world. Whenever he could escape* from the council board* or audience chamber,* he would run down the great staircase.* He would run past the lions of gilt* bronze* and the steps of bright porphyry,* and wander* from room to room.

He called them "journeys* of discovery.*" And to him, they really were voyages* through a marvelous* land. Sometimes he was accompanied by* the slim,* blonde* Court Pages.* But more often he used to be alone. He felt that the secrets of art are best learned in secret, and that Beauty, like Wisdom,* loves the lonely worshipper.*

Many strange stories were told about him during this period.* It was said that a stout* major, who had come to deliver an address* on behalf of* the citizens* of the town, had seen him kneeling* before a great picture that had just been brought from Venice. This was a problem, because it was said that he seemed to have been worshipping* some new gods. On another occasion,* he went missing for several* hours.

After a long search, he was discovered in a little room in the palace. He was gazing at* a Greek* gem* carved* with the figure* of Adonis. Some said that they saw him pressing* his warm lips to the marble* brow* of an antique* statue.*

All rare* and expensive materials*

---

lord 주인 escape 벗어나다, 빠져나오다 council board 회의 audience chamber 알현실 staircase 계단, 층계 gilt 금박 bronze 청동, 브론즈 porphyry 반암 wander 돌아다니다 journey 여행 discovery 발견 voyage 항해 marvelous 놀라운, 믿기 어려운 be accompanied by ~을 동반하다 slim 호리호리한, 가냘픈 blonde 금발의 page 시동 wisdom 지혜 worshipper 숭배자 period 기간, 시기 stout 땅딸막한 address 인사말, 연설 on behalf of ~을 위하여, ~을 대신하여 citizen 시민 kneel 무릎 꿇다 worship 숭배하다, 존경하다 occasion 때, 경우 several 몇몇의 gaze at ~을 응시하다 Greek 그리스의 gem 보석, 보옥 carve 새기다 figure 모습 press 내리누르다, 압박하다 marble 대리석 brow 눈썹 antique 아주 오래된, 골동품의 statue 조각상 rare 드문, 진기한 material 재료, 물질

certainly had a great effect on* him. In his eagerness* to obtain* them, he had sent away many merchants.* Some were sent to buy amber* from the rough fishermen* of the north seas. Others were sent to Egypt to look for curious green turquoise* which is found only in the tombs* of Kings, which is said to possess* magical* properties.* Some were sent to Persia to purchase* silk carpets and painted pottery,* while others were sent to India to buy gauze* and stained* ivory.*

But what fascinated* him the most was the robe he was going to wear at his coronation. He was to wear a robe* made of threads* of gold, a ruby-studded* crown,* and a scepter* lined with pearls.* These things were what occupied* his mind tonight as he lay back on his luxurious* couch.

The designs, which were done by the

hands of the most famous artists of the time, had been submitted* to him some months ago. He had given orders for the craftsmen* to work night and day until the three pieces were made. He also ordered that the whole world was to be searched for jewels that would be worthy of* their work. He imagined* himself standing at the high altar* of the cathedral in the beautiful attire* of a King. Then he smiled with his boyish* lips, and his eyes lit up with a bright sparkle.*

After some time, he looked around at the dimly-lit* room. The walls were

---

have an effect on ~에 효과를 나타내다 **eagerness** 열의, 열심 **obtain** 얻다, 획득하다 **merchant** 상인 **amber** 호박 **fisherman** 어부 **turquoise** 터키옥 **tomb** 무덤, 묘 **possess** 소유하다 **magical** 마법의 **property** 특성, 특질 **purchase** 사다, 구입하다 **pottery** 도기류 **gauze** 거즈 **stained** 얼룩진 **ivory** 상아 **fascinate** 매혹하다, 반하게 하다 **robe** 예복 **thread** 실 **ruby-studded** 루비가 박힌 **crown** 왕관 **scepter** 홀, 권장 **pearl** 진주 **occupy** 차지하다 **luxurious** 호화로운 **submit** 제출하다, 제시하다 **craftsman** 장인 **be worthy of** ~할 만하다 **imagine** 상상하다 **altar** 제단, 제대 **attire** 옷차림새, 복장 **boyish** 순진한, 천진난만한 **sparkle** 불꽃, 불티 **dimly-lit** 어스레하게 빛나는

covered with rich tapestries* representing* the Triumph of Beauty. Opposite* the window stood a rare cabinet,* on which were placed some delicate* Venetian* glass. Pale* poppies* were embroidered* on the silk covers of the bed, and a laughing Narcissus* in green bronze held a polished* mirror* above its head.

He could see the huge* dome* of the cathedral through the window, looming* like a bubble* over the shadowy* houses. The weary* sentinels* were pacing up and down* on the misty* terrace* by the river. Far away, in an orchard,* he could hear a nightingale* singing. A faint* perfume* of jasmine* came in through the open window. He brushed* his brown curls* back from his forehead* and took up a lute.* Then suddenly his heavy eyelids* drooped,* and a strange feeling of dullness* came over him. He had never felt the magic and the mystery of beautiful things so intensely.*

He rang a bell at midnight, and his Pages entered and undressed him. They then poured* rose water over his hands, and strewed* flowers on his pillow.* They left the room, and soon he fell asleep.

As he slept, he dreamed the following dream:

He was standing in a long, low attic.* He could hear the sound of many looms.* The faint daylight* peered in* through the windows and showed him the thin figures* of the weavers.* Pale, sick-looking

---

tapestry 태피스트리, 벽걸이 융단 represent 나타내다, 의미하다 opposite 반대편의 cabinet 장식장 delicate 섬세한 Venetian 베네치아 풍의 pale 엷은, 연한 poppy 양귀비 embroider 수놓다 Narcissus 나르치소스 (그리스·로마 신화 속 인물) polished 광택 있는 mirror 거울 huge 거대한 dome 둥근 천장, 돔 loom 어렴풋이 나타나다 bubble 거품, 기포 shadowy 그림자가 드리운, 어두운 weary 피곤한 sentinel 보초, 파수병 pace up and down 오르락내리락 서성거리다 misty 안개가 짙은 terrace 테라스 orchard 과수원 nightingale 나이팅게일 faint 희미한, 가냘픈 perfume 향수, 향료 jasmine 재스민 (식물) brush 브러시로 빗다 curl 곱슬곱슬하게 말린 머리 forehead 이마 lute 류트 eyelid 눈꺼풀 droop 축 늘어지다 dullness 둔함 intensely 강렬하게 pour 따르다, 붓다 strew 뿌리다, 흩뿌리다 pillow 베개 attic 고미다락 loom 베틀 daylight 일광 peer in 안을 응시하다 figure 형태, 형상 weaver 직조공

children were crouched* on the huge crossbeams.* They all look starved,* and their thin hands shook* and trembled.* Some shabby-looking* women were sewing* at a table. A horrible* smell filled the place. The air was disgusting* and heavy, and the walls were all damp.*

The young King walked over to one of the weavers, and stood by him and watched him.

The weaver looked at him angrily, and asked, "Why are you watching me? Are you a spy* sent by our master?"

"Who is your master?" asked the young King.

"He is a man, just like me!" the weaver said angrily. "Indeed, there is only one difference between us—that he wears fine clothes while I wear rags.* While I am weak from hunger, he suffers* from eating too much."

"This is a free country," said the young King. "You are no man's slave.*"

"The strong make slaves of the weak in war," said the weaver. "And in times of peace, the rich make slaves of the poor. We need to work to live, and they give us such low wages* that we die. We work for them all day long. Our children die slowly before their time,* and the faces of those we love become hard and evil.* We tread out* the grapes, and others drink the wine. We sow* the corn, but we cannot eat. We have chains,* although no one can see them. We are slaves, though men call us free."

"Is that the case with everyone here?" the young King asked.

---

crouch 웅크리다 crossbeam 대들보 starved 굶주린 shake 흔들다 tremble 떨다 shabby-looking 초라해 보이는 sew 바느질하다, 꿰매다 horrible 무서운, 끔찍한 disgusting 메스꺼운, 역겨운 damp 축축한, 눅눅한 spy 스파이, 염탐꾼 rag 넝마, 누더기 suffer 고통 받다 slave 노예 wage 임금 before one's time 천명을 다 누리지 못하고, 때가 오기 전에 evil 험악한, 사악한 tread out 밟아서 즙을 짜다 sow 씨를 뿌리다 chain 쇠사슬; 사슬로 매다

"Yes," answered the weaver. "It is the same with the young as well as with the old, with the women as well as with the men. The merchants make us work long hours, and we have to do everything they say. No man takes care of* us. Poverty* rules over* us, and Sin with his evil face follows close behind her. Misery* wakes us up in the morning, and Shame* watches us fall asleep. Why should I tell you these things? You are not one of us anyway. Your face is too happy." And the weaver turned away angrily, and threw the shuttle* across the loom. Then the young King saw that it was threaded* with a thread of gold.

Then he was suddenly overcome with terror,* and he asked the weaver, "What robe is it that you are weaving?"

"It is the robe for the coronation of the young King," answered the weaver. "Why do you want to know?"

Then the young King gave a loud cry and woke up.

After taking a sip* of water, he fell asleep again and dreamed. And this was his dream:

He thought he was lying on the deck* of a huge ship that was being rowed* by a hundred slaves. The master of the ship was seated on a carpet by his side. He was as black as ebony,* and his turban* was of crimson* silk. Big silver earrings dragged down* the thick lobes of his ears,* and in his hands he had a pair of ivory scales.*

The slaves were naked* save for* a ragged loincloth.* Each man was chained

---

take care of ~을 보살피다 poverty 가난, 빈곤 rule over ~을 지배하다 misery 비참, 궁상 shame 치욕, 수치 shuttle (베틀의) 북 thread 실; 실을 꿰다 be overcome with terror 공포로 제정신이 아니다 sip 한 모금 deck 갑판 row 노를 젓다 ebony 흑단 turban 터번 crimson 진홍색(의) drag down 늘어지다 lobe of one's ear 귓불 scales 천칭, 저울 naked 벌거숭이의, 나체의 save for ~을 제외하고 ragged 남루한, 초라한 loincloth 허리에 두르는 것, 삼바 모양의 속옷

to his neighbor. The hot sun beat down brightly upon them, and black men ran up and down the gangway* and lashed* them with whips* of hide.* They stretched out* their arms and pulled the heavy oars* through the water.

They soon reached a little bay.* A light wind blew from the shore and covered the deck with a fine red dust. Three Arabs* on wild asses* came and threw spears* at them. The master of the ship took a painted* bow* in his hand and shot one of them in the throat. He fell heavily into the water, and his companions* rode away. A woman in a yellow veil* followed slowly on a camel,* looking back now and then* at the dead body.

As soon as they had cast* anchor* and hauled down* the sail,* the black slaves brought out a long rope-ladder. It was heavily weighted* with lead,* and the master of the galley* threw it over the side. Then the slaves seized* the youngest among them and filled his nostrils* and his ears with wax.* Then a big stone was tied round his waist. He climbed wearily* down* the ladder, and disappeared* into the sea. A few air bubbles rose where he sank.* Some of the other slaves watched curiously* over the side.

After some time, the diver rose back out of the water. He clung panting* to* the ladder with a pearl in his right hand. The other slaves seized it from him, and pushed him back down. Others fell asleep over their oars.

Again and again he came up, and each

---

gangway 통로 lash 채찍으로 때리다 whip 채찍 hide 짐승의 가죽 stretch out 팔다리를 뻗다 oar 노 bay 만 Arab 아랍 사람 ass 나귀 spear 창, 투창 painted 채색된 bow 활 companion 동료 veil 베일, 면사포 camel 낙타 now and then 때때로 cast 내던지다 anchor 닻 haul down 끌어 내리다 sail 돛 weight 무게를 더해지다, 무겁게 하다 lead 납 galley 갤리선 seize 붙잡다 nostril 콧구멍 wax 밀랍 wearily 기진맥진해서 climb down 기어 내려오다 disappear 사라지다 sink 가라앉다 curiously 신기한 듯이 pant 헐떡거리다 cling to ~에 매달리다

time he brought with him a beautiful pearl. The master of the ship weighed* them and put them into a green leather bag.

The young King tried to speak, but he could not move his tongue,* and his lips also refused* to move. The slaves chatted* among themselves and began to quarrel* over a string* of bright beads.* Two cranes* flew round and round the vessel.*

Then the diver came up for the last time and brought with him the largest and brightest pearl. It was shaped like the full moon, and was whiter than the morning star. But the diver's face was strangely pale. As he fell upon the deck, blood gushed out* from his ears and nostrils. He shook for a few minutes, and then he became still. The slaves shrugged* their shoulders and threw the body overboard.*

The master of the ship laughed.

Reaching out, he took the pearl and examined* it. He pressed it to his forehead and bowed.

"This will be used for the scepter of the young King," he said. Then he made a sign to the slaves to draw up the anchor.

The young King gave a great cry and woke up.

He wiped* his forehead and soon fell asleep again. He dreamed, and this was his dream:

He thought that he was wandering through a dark forest, hung with strange fruits and with beautiful poisonous* flowers. The snakes hissed* at him as he went by, and the bright parrots* flew screaming* from branch to branch. Big tortoises* lay asleep on the hot mud. The

---

weigh 무게를 달다 tongue 혀 refuse 거부하다 chat 잡담하다 quarrel 싸우다 string 끈, 줄 bead 구슬, 유리알 crane 학, 두루미 vessel 배 gush out 세차게 흘러나오다 shrug 어깨를 으쓱하다 overboard 배 밖에 examine 조사하다 wipe 씻다, 닦다 poisonous 유독한 hiss 쉿 하는 소리를 내다 parrot 앵무새 scream 소리치다 tortoise 거북

trees were full of monkeys and peacocks.*

He walked on and on until he reached the outskirts* of the forest. There he saw a huge crowd* of men working in the bed of a dried-up* river. They dug* deep pits* in the ground and climbed down into them. Some of them cut up the rocks with great axes,* while others fumbled* through the sand.

They tore up* trees and trampled* on the scarlet* blossoms.* They hurried about, shouting at each other.

From the darkness* of a cavern,* Death and Avarice* watched them.

"I am worried," said Death. "Just give me a third of them, and I'll leave."

"They are my servants," Avarice answered, shaking her head.

"What is that in your hand?" asked Death.

"I have three grains of corn," she

answered.

"Give me one of them," said Death. "I want to plant it in my garden. Just give me one of them, and I will go away."

"I'm not giving you anything," said Avarice.

Death laughed. He then took a cup and dipped it into a pool of water. Out of the cup rose Ague,* and she passed through the great crowd of men, and a third of them died instantly.*

When Avarice saw that a third of her slaves were dead, she beat her breast* and wept.*

"You have killed a third of my servants!" she cried. "Leave. There is war in the mountains of Tartary,* and the Kings of

---

peacock 공작 outskirts 변두리, 외곽 crowd 군중, 인파 dried-up 바싹 마른 dig 파다, 파내다 pit 구멍, 구덩이 ax 도끼 fumble 손으로 더듬다 tear up 뿌리째 뽑다 trample 짓밟다, 밟아 뭉개다 scarlet 주홍색(의) blossom 꽃 darkness 암흑, 어둠 cavern 동굴, 땅굴 avarice 탐욕 ague 학질 instantly 즉시, 즉각 breast 가슴 weep 울다, 흐느끼다 Tartary 타타르

each side are calling you. The Afghans* are also marching* to battle.* Go to them, and leave me alone. You don't need to be here."

"No," answered Death. "I will leave once you have given me a grain of corn."

But Avarice shut her hand and clenched* her teeth.

"I will not give you anything," she said.

Death laughed again. He took up a black stone and threw it into the forest. Moments later, came Fever* in a robe of flame.* She passed through the slaves and touched them, and each man that she touched died. The grass died beneath her feet as she walked.

"You are cruel," cried Avarice. "You are cruel. There is famine* in the walled* cities of India and Egypt. The Nile has not overflowed* its banks, and the priests* have cursed* Isis* and Osiris.* Go to those who need you, and leave me alone."

"No," answered Death. "I will leave once you have given me a grain of corn."

"I will not give you anything," said Avarice.

Death laughed out loud, and he whistled* through his fingers. Then a woman came flying through the air. Plague* was written upon her forehead, and a crowd of thin eagles flew around her. She covered the valley* with her wings, and all the remaining* men died.

Avarice fled* shrieking* through the forest, and Death leaped* upon his red horse and rode away.

"Who were these men?" said the young King, crying. "What were they looking

---

Afghan 아프가니스탄 사람 **march** 행진하다, 진군하다 **battle** 전투, 교전 **clench** 악물다 **fever** 열병 **flame** 불꽃, 불길 **famine** 기근 **walled** 벽으로 둘러싸인 **overflow** 넘쳐흐르다, 범람하다 **priest** 사제, 신부 **curse** 저주하다 **Isis** 이시스 (고대 이집트의 풍요의 여신) **Osiris** 오시리스 (고대 이집트의 명계의 신, Isis의 남편) **whistle** 휘파람 불다 **plague** 역병, 전염병 **valley** 골짜기 **remaining** 남아 있는 **flee** 달아나다, 도망치다 **shriek** 새된 소리를 지르다, 비명을 지르다 **leap** 뛰어오르다, 도약하다

for?"

"They were looking for rubies for a king's crown," answered someone.

The young King turned around and saw a man dressed as a pilgrim.* He was holding a silver mirror in his hand.

"For what King?" the young King asked, growing pale.

"Look in this mirror, and you will see him."

He looked in the mirror and saw his own face, and he gave a great cry and woke. He looked out the window. The bright sunlight was streaming* into the room.

The Prime Minister* and the high officers* of State* came in and greeted the young King. The Pages brought him the robe of gold, and set the crown and the scepter before him.

The young King looked at them, and

they were beautiful. In fact, they were more beautiful than anything they had ever seen. But he remembered his dreams, and he shook his head.

"Take these things away," he said. "I will not wear them. This robe was woven on the loom of Sorrow,* and by the white hands of Pain.* There is Blood in the heart of the ruby, and Death in the heart of the pearls." Then he told them his three dreams.

"My Lord, please forget your nightmares,*" said the Prime Minister. "Put on this beautiful robe, and set this crown upon your head. Otherwise, how will the people know that you are a King?"

"I will not wear this robe, nor will I be crowned with this crown," said the young King.

---

pilgrim 순례자, 방랑자 stream 흐르다 Prime Minister 수상 officer 관리 state 국가 sorrow 슬픔 pain 고통 nightmare 악몽

He told them all to leave him, except for one Page whom he kept as his friend. Then he bathed himself* in clear water and opened a great chest.* From it, he took the leather tunic and coarse sheepskin cloak that he had worn when he worked for the shepherd. He put them on, and grabbed* the shepherd's staff.*

"My Lord, I see your robe and your scepter," said the Page, smiling. "But where is your crown?"

Then the young King plucked* a spray* of wild brier* that was climbing over the balcony, tied it up into a circle, and placed it on his head.

"This is my crown," he answered.

Then he walked out of his room and into the Great Hall, where the nobles* were waiting for him.

The nobles made fun of* him.

"My Lord, the people are waiting for

their King," one of them said. "But you are showing them a beggar*!"

"He brings shame upon our State, and is unworthy* to be our master," said another.

But the young King did not say a single word, and he continued on. He went down the bright porphyry staircase and out through the gates of bronze. He mounted* upon his horse and rode toward the cathedral, with the little Page running beside him.

The people laughed at him and mocked* him.

"Look! Our King is a beggar!" they said.

"No. I am the King," the young King said. Then he told them his three dreams.

A man came out of the crowd and said

---

bathe oneself 목욕하다 chest 상자, 궤 grab 부여잡다, 붙들다 staff 지팡이, 막대기 pluck 뽑다 spray 작은 가지 brier 찔레, 들장미 noble 귀족 make fun of ~을 비웃다, 놀리다 beggar 거지 unworthy 자격이 없는, 어울리지 않는 mount 오르다 mock 조롱하다, 비웃다

bitterly* to him, "Sir, don't you know that the poor make a living out of servicing the rich? Your vices* give us bread. Working for an evil master is hard, but having no master to work for is even worse. Who do you think will feed us? Please go back to your Palace and put on your purple* and fine linen.* Why should you care about us? You're only going to make us suffer even more."

"Are not the rich and the poor the same people? Aren't we all brothers?" asked the young King.

The young King's eyes filled with tears as he rode on through the crowds of the people. The little Page grew afraid and left his side.

When the young King reached the great portal* of the cathedral, the soldiers* thrust* their halberds* out and said, "What are you doing here? No one enters through this door but the King."

"I am the King," the young King said angrily. He waved their halberds aside* and passed in.

When the old Bishop* saw him coming in his shepherd's dress, he rose up in wonder* from his throne.*

"My son, is this a King's apparel*?" asked the Bishop. "And with what crown am I supposed to* crown you? And what scepter shall I place in your hand? Surely this should be a day of joy, and not a day of embarrassment.*"

"Shall I wear what Grief has made for my joy?" asked the young King. Then he told the Bishop his three dreams.

When the Bishop had heard them,

---

bitterly 통렬하게, 쓰라리게 vice 악덕, 부도덕 purple 자줏빛의 linen 아마포, 린넨 portal 정문 soldier 군인 thrust 밀치다, 쑤셔 넣다 halberd 미늘창 wave aside ~을 물리치다, 뿌리치다 bishop 주교 in wonder 놀라서 throne 교황의 성좌, 주교좌, 옥좌 apparel 의복, 의류 be supposed to ~하기로 되어 있다 embarrassment 난처, 당황

he frowned* and said, "My son, I am an old man, and in the winter of my days. I know that many evil things are done in the world. The robbers* come down from the mountains, take away the little children, and sell them to the Moors.* The lions lie in wait for the caravans* and kill the camels. The wild boar* roots up the corn in the valley, and the foxes kill the chicks.* The pirates* burn the ships of the fishermen and take their nets* from them. The beggars wander through the cities and eat their food with the dogs. Do you think that you can change all these things? Will you share your fine bed with a leper* and let beggars eat at your table? Do you think the lions and the boars would obey* your commands*? Isn't it God, who is much, much wiser than you, who made Misery* in the first place*? I cannot praise what you have done. Please, ride back to the Palace and put on the robe fit* for a King, and I will crown you with a crown of gold. I will place a scepter of pearls in your hand. And as for your dreams, forget about them. The burden* of this world is too great for one man to bear.* The world's sorrow is too heavy for one heart to suffer."

"Are you not a man of God?" said the young King. "Are we not standing in the house of God? Then how can you tell me to ignore* the sufferings* of my brothers and sisters?"

Then he strode* past the Bishop and climbed up the steps of the altar. Now he stood before the image* of Christ. Around him were the marvelous vessels of gold, the chalice* with the yellow wine, and the

---

frown 눈살을 찌푸리다 robber 강도, 도둑 Moor 무어 인 caravan 대상 wild boar 멧돼지 chick 병아리 pirate 해적 net 그물 leper 나병 환자 obey 복종하다, 순종하다 command 명령 misery 비참, 고통 in the first place 애당초, 처음부터 fit 적합한, 알맞은 burden 무거운 짐 bear 지다 ignore 무시하다, 모르는 체하다 suffering 고통, 괴로움 stride 큰 걸음으로 걷다 image 상, 이미지 chalice 성배

vial* with the holy oil.* He knelt before the image of Christ, and the large candles burned brightly by the jeweled shrine.* And the smoke of the incense* curled* in thin green wreaths* through the dome. He bowed his head down in prayer,* and the priests in their stiff* cloaks crept* away from the altar.

Suddenly, there was a wild uproar* outside the cathedral. Then the nobles ran in with drawn* swords and shields* of polished* steel.*

"Where is our false King, the dreamer*?" they cried. "Where is this King who is dressed like a beggar? Where is the boy who brings shame upon our State? We are here to kill him, for he is unworthy to rule over us."

The young King bowed his head again and prayed. He took his time* in finishing the prayer, and he rose up. He turned around slowly, and then he looked at them sadly.

The sunlight streamed upon him through the painted glass, and the beams of light wove round him a thin robe that was brighter and more beautiful than the robe that had been made with gold. The shepherd's staff blossomed and bore lilies that were whiter than pearls. The dry thorn* on his head blossomed and bore roses that were redder than rubies. The lilies were whiter than the whitest pearls, and their stems* were of bright silver. The roses were redder than the reddest rubes, and their leaves were golden.

Now he stood there in the robe of a King. The Glory* of God filled the whole

---

vial 유리병, 물약병 holy oil 성유 shrine 성소 incense 향료, 향 curl 맴돌다, 비틀다 wreath 화관, 화환 prayer 기도 stiff 뻣뻣한 creep 살살 기다 uproar 소란, 소동 drawn 칼집에서 빼낸 shield 방패 polished 닦은, 광택 있는 steel 강철, 강철 제품 dreamer 몽상가 take one's time 천천히 하다 thorn 가시 stem 줄기, 대 glory 영광

place, and the Saints* seemed to move in their carved niches.* He stood before them in the beautiful robe of a King, and the organ* played beautiful music. The trumpeters* blew on their trumpets,* and the choir* boys sang.

The people fell onto their knees* in awe.* The nobles put away their swords and paid respect.* The old Bishop's face grew pale and his hands trembled.

"A much higher being* has crowned you," the Bishop cried, and he knelt before him.

Then the young King walked down from the high altar, and passed home through the crowds of people. But no man dared to look straight into his face, for it was like the face of an angel.

Story 07

The Star-Child

두 명의 가난한 나무꾼은 숲 속에서
별이 수놓아진 금색 망토를 입은 갓난아이를 발견한다.
그 중 한 명이 아이를 거두어 기르지만
아이의 못된 심성 때문에 모두가 고통 받는다.

Once upon a time, two poor Woodcutters* were on their way home through a great pine* forest.* It was winter, and they shivered* with the bitter*

---

saint 성인, 성자 niche 벽감 organ 오르간 trumpeter 나팔수 trumpet 트럼펫 choir 성가대 fall onto one's knees 무릎을 꿇다 in awe 경외하여 respect 경의, 존경 being 존재 woodcutter 나무꾼 pine 솔, 소나무 forest 숲 shiver 떨다, 추위로 떨다 bitter 모진, 격심한

cold. The snow was thick on the ground and on the branches of the trees. The frost* snapped* the little twigs* on either side of them as they passed. When they arrived at the Mountain-Torrent,* she was hanging* motionless* in air because the Ice-King had kissed her.

It was so cold that even the animals and the birds did not know what to make of it.

"Ugh!" snarled* the Wolf. "The weather is just terrible.* Why isn't the Government* doing anything about it?"

"The old Earth is dead," said the Linnet.* "And they have laid her out in her white shroud.*"

"The Earth is going to be married,* and this is her bridal* dress," said the Doves* to each other. Their little pink feet were frost-bitten,* but they thought it their duty* to take a romantic* view of the situation.*

"That is nonsense*!" growled* the Wolf. "It is all the fault* of the Government. If you don't believe me, I will eat you."

"Well, I don't need an exact* explanation* for everything," said the Woodpecker.* "If a thing is so, it is so, and right now it is terribly cold."

It certainly was terribly cold. The little Squirrels* kept rubbing* each other's noses to keep themselves warm. The Rabbits* curled themselves up* in their holes and did not even dare to look out. The only ones who seemed to enjoy it were the Owls.* Their feathers* were stiff with rime,* but they did not mind.

---

frost 서리, 서릿발 snap 딱 하고 꺾다, 툭 하고 끊다 twig 잔가지 torrent 급류 hang 매달리다, 매달다 motionless 움직이지 않는, 부동의 snarl 으르렁거리다 terrible 소름끼치는, 무시무시한 government 정부 linnet 홍방울새 shroud 수의 marry 결혼하다, 시집가다 bridal 신부의 dove 비둘기 frost-bitten 동상에 걸린, 꽁꽁 언 duty 의무, 본분 romantic 낭만적인 situation 위치, 처지 nonsense 무의미한 말, 허튼소리 growl 으르렁거리다 fault 결점, 잘못 exact 정확한 explanation 설명 woodpecker 딱따구리 squirrel 다람쥐 rub 비비다, 문지르다 rabbit 토끼 curl oneself up 몸을 웅크리다 owl 올빼미, 부엉이 feather 깃털, 깃 rime 무빙, 서리

"What delightful* weather we are having!" they said to each other.

The two Woodcutters walked on and on, blowing on their fingers and stamping* with their huge boots* upon the snow. Once they sank into a deep pit* and came out completely* white. Another time, they slipped* on the hard smooth* ice and their wood fell out of their bundles,* and they had to pick them up and bind* them together again.

Once they thought that they had lost their way, and they became terrified. But they put their trust in* the good Saint Martin, who is said to watch over all travelers. They retraced* their steps, and at last they reached the outskirts* of the forest. There they saw, far down in the valley* beneath* them, the lights of their village.

They were overjoyed at* their safe

return.* They laughed out loud, and the earth seemed to them like a flower of silver, and the Moon like a flower of gold.

But soon they were sad again because they remembered their poverty.*

"Why were we laughing?" one of them said to the other. "Life is only good for the rich, and not for poor people like us. We should have just died in the forest. It would have been better if some wild beast* had killed us."

"You're right," answered his friend. "Much is given to some, and little is given to the rest. Injustice* is everywhere.*"

But as they were lamenting* their own poverty, a strange thing happened.*

---

delightful 매우 기쁜, 즐거운 stamp 짓밟다, 밟다 boot 부츠, 반장화 pit 구덩이 completely 완전히 slip 미끄러지다 smooth 매끄러운 bundle 꾸러미, 보따리 bind 묶다, 감다 put one's trust in ~을 믿다, 신뢰하다 retrace (왔던 길을) 되짚어 가다 outskirts 변두리, 교외 valley 골짜기 beneath ~의 바로 밑에 be overjoyed at ~에 미칠 듯이 기뻐하다 return 귀환, 돌아옴 poverty 가난, 빈곤 beast 짐승, 동물 injustice 불법, 불공평 everywhere 어디에나, 도처에 lament 슬퍼하다, 애통하다 happen 일어나다, 생기다

There fell from the sky a very bright and beautiful star. As they watched it, it seemed to them to sink behind a clump* of willow trees* that stood no more than a stone's throw away.* The two Woodcutters began to run.

One of them ran faster than his friend and forced his way* through the willows. When he came out on the other side, there was something golden lying on the white snow! So he hurried toward it and stooping* down placed his hands on it. It was a cloak* of golden tissue,* embroidered* with stars and wrapped* in many folds.*

He cried out to his friend that he had found the treasure* that had fallen from the sky. When his friend arrived, the two sat down in the snow. They loosened* the folds of the cloak so that they might divide* the pieces of gold. But, alas! There was no gold in it, or silver, or a treasure of any kind. There was only a little, sleeping child.

"This is a sad ending to our hope," one of them said to the other. "How can this child profit* us? Let's just leave it here and be on our way. We are poor, and we already have children of our own who do not have enough to eat for themselves. We cannot feed* an extra* child."

"No," said the other. "It would be evil* to leave the child to perish* here in the snow. I know I am as poor as you. I already have many mouths to feed and not much money. But I'm still taking the child home with me, and my wife shall take care of it."

He lifted* the child tenderly* and

---

clump 수풀, 나무숲 willow tree 버드나무 stand no more than at a stone's throw away 돌을 던지면 닿을 곳에 서 있다 force one's way 밀고 나아가다 stoop 웅크리다, 상체를 굽히다 cloak 망토 tissue 직물 embroider 수놓다 wrap 감싸다 fold 겹, 주름 treasure 보물 loosen 풀다, 늦추다 divide 나누다 profit 이익을 주다 feed 부양하다, 기르다 extra 여분의, 추가의 evil 나쁜, 사악한 perish 죽다 lift 올리다, 들어 올리다 tenderly 살살, 조심조심

wrapped the cloak around it to shield* it from the harsh* cold. He gently* made his way down the hill* to the village, while his friend laughed at his foolishness* and softness* of heart.

"You have the child, so give me the cloak," his friend said when they reached the village. "We are friends, and so we should share our fortunes.*"

"No," he replied. "The cloak is neither mine nor yours. It is the child's." With that, he went to his own house and knocked.

His wife was happy to see that her husband had returned safe to her. She put her arms around his neck and kissed him. She took the bundle of wood from his back and brushed the snow off* his boots.

"I found something in the forest," he said before walking in. "I have brought it home with me so that you can take care of it."

"What is it?" she asked. "Show it to me. Our house is empty,* and we are in need of* many things."

He drew the cloak back and showed her the sleeping child.

"Goodness!" she said. "Don't we have enough children of our own? And what if this child should bring us bad luck? And how are we going to take care of it? We don't even have enough for ourselves!"

"No, but this is a Star-Child," he answered. Then he told her how he had come to find it, but she was not easily persuaded.*

"Our children are starving,* and you want to feed someone else's child?" she said angrily. "Who is going to take care of

---

shield 보호하다 harsh 거친, 가혹한 gently 조심조심, 살살 hill 언덕, 낮은 산 foolishness 어리석음 softness 관대함, 부드러움 fortune 재물, 행운 brush off ~을 솔질하여 털어 내다 empty 빈 be in need of ~가 필요하다 persuade 설득하다 starving 굶는, 굶주리는

us? No one gives us food for free!"

"But God cares for every living thing, even the sparrows,*" he said. "He will feed us all."

"Don't the sparrows die of hunger in the winter?" she asked. "And are we not going through the most terrible winter right now?"

The man said nothing and did not move an inch from the threshold.*

Then a bitter* wind from the forest came in through the open door and made the wife tremble.*

"Won't you close the door?" she said, shivering* from head to toe.* "A cold wind is coming into the house, and I am cold."

"As long as you have a cold heart, our house will always be filled with bitter winds," he said. She didn't answer but walked closer to the fire.

After a while, she turned around and

looked at him, and her eyes were full of tears. He came in quickly and placed the child in her arms. She kissed it tenderly and laid it in a little bed where the youngest of their own children was lying.

The next morning, the Woodcutter took the strange cloak of gold and placed it in a great chest.* He took a chain of amber* that was around the child's neck and put it in the chest as well.

So the Star-Child was brought up* with the Woodcutter's children. And every year, he became more and more beautiful. Everyone who lived in the village was filled with wonder. They were dark and black-haired, he was white and delicate* as ivory,* and had the most wonderful blonde* curls. His lips were like the petals*

---

sparrow 참새　threshold 문지방, 입구　bitter 지독한, 모진　tremble 떨다　shiver 떨다　from head to toe 머리끝에서 발끝까지　chest 상자, 궤　amber 호박　bring up ~을 키우다　delicate 섬세한, 고운　ivory 상아　blonde 금발의　petal 꽃잎

of a red flower, and his eyes were like violets* near a river of pure water.

Yet his beauty did more evil than good. The Star-Child grew proud,* and cruel,* and selfish.* He despised* the Woodcutter's children and the other children of the village. He looked down on* them, considered* himself master* over them, and called them his servants. He had no pity* for the poor, or for those who were blind* or maimed.* In fact,* he threw stones at them and drove them away. But he loved himself dearly. During the summer, he would lie by the well in the priest*'s orchard* and look down and marvel at* his own face.

The Woodcutter and his wife often scolded* him, saying, "We did not treat* you like you treat those who are in need.* How can you be so cruel to those who deserve* pity?"

The old priest often tried to teach him the love of living things.

"The fly is your brother," the priest would say. "Do it no harm.* The wild birds that roam* through the forest are free. Don't kill them for your pleasure. God made the worm* and the mole,* and each has its own place on earth. Why do you harm God's work? Even the cattle* of the field praise* Our Lord."

But the Star-Child didn't pay attention to* these words. He would frown and go back to his friends and lead them. And his friends followed him because he was beautiful and athletic,* and he could dance, and pipe,* and make music. So they

---

violet 제비꽃 proud 거만한 cruel 무정한 selfish 이기적인 despise 멸시하다 look down on ~을 낮추어 보다, 경멸하다 consider 생각하다, 고려하다 master 지배자, 주인 pity 동정, 연민 blind 눈먼 maimed 불구인 in fact 사실, 실제로 priest 성직자, 사제 orchard 과수원 marvel at ~을 보고(듣고) 놀라다 scold 꾸짖다 treat 대우하다, 취급하다 in need 도움을 필요로 하는 deserve ~할 만하다 harm 해치다 roam 배회하다 worm 벌레 mole 두더지 cattle 소 praise 칭찬하다 pay attention to ~에 유의하다 athletic (몸이) 튼튼한 pipe 높은 소리로 노래하다

followed the Star-Child everywhere and did whatever* the Star-Child told them to do. And when he poked* the eyes of the mole with a sharp* stick,* they laughed and did the same. When he cast stones at the leper,* they laughed and copied* him. He was their ruler,* and they became coldhearted* just like him.

One day, a poor beggar walked into the village. Her clothes were torn* and ragged,* and her feet were bleeding* from the rough road on which she had traveled. She was tired from the day's walking, and she sat down under a chestnut* tree to rest.

When the Star-Child saw her, he said to his friends, "Look! There's a disgusting* beggar resting under that beautiful tree. Come on! Let's go and drive her away. She is ugly and disgusting."

So he ran to her and threw stones at

her. He mocked* her and spat* at her. She looked at him with terror in her eyes, but she could not move because she was too tired.

The Woodcutter was cleaving* logs* in a haggard* nearby. When he saw what the Star-Child was doing, he ran up and grabbed* his arms.

"Your heart is cold and has no mercy*!" he said to the child. "What has this woman done to you to receive such treatment*?"

The Star-Child's face turned red with anger, and he stamped his foot upon the ground.

"Who are you to question* my actions*?" the Star-Child said angrily. "I am not your

---

whatever ~하는 것은 무엇이든지 poke 찌르다, 쑤시다 sharp 날카로운, 예리한 stick 막대기, 나무토막 leper 나병 환자, 문둥이 copy 모방하다 ruler 지배자 coldhearted 냉담한, 무정한 torn 찢어진 ragged 남루한, 초라한 bleed 피가 나다, 출혈하다 chestnut 밤나무 disgusting 메스꺼운, 역겨운 mock 조롱하다, 비웃다 spit 침을 뱉다 cleave 쪼개다, 가르다 log 통나무 haggard 초췌한 grab 부여잡다, 붙들다 mercy 자비 treatment 대우, 취급 question 문제 삼다, 의문을 갖다 action 행동, 행위

son, so don't tell me what I can and can't do."

"You're right," answered the Woodcutter. "You're not my son. But I still showed pity on you when I found you in the forest."

When the woman heard this, she fainted.* The Woodcutter carried* her to his own house, and his wife cared for her. When she regained* consciousness,* they set meat and drink before her and told her to make herself at home,* but she didn't care for the meat or the drink.

"Did you say that the child was found in the forest?" she asked.

"Yes," answered the Woodcutter.

"Didn't you find him exactly ten years ago, to this day?" she asked.

"Yes," he answered with surprise. "I found him in the forest exactly ten years ago."

"And didn't he have a chain of amber around his neck?" she asked. "And wasn't there a cloak of gold tissue embroidered with stars?"

"That's right," answered the Woodcutter. And he took the cloak and the amber chain from the chest and showed them to her.

"He is my little son!" she cried for joy. "I lost him in the forest ten years ago. Can you please bring him to me? I have been searching for him all over the world."

So the Woodcutter went out and called to the Star-Child.

"Go into the house," he said. "Your mother is waiting for you inside."

So the Star-Child ran in, filled with wonder and happiness. But when he saw who was waiting for him, he laughed

---

faint 기절하다, 혼절하다   carry 데려가다   regain 되찾다, 회복하다
consciousness 의식   make oneself at home 편히 있다

mockingly* and said, "Where is my mother? I don't see anyone here but that disgusting beggar."

"I am your mother," she said.

"You must be mad," said the Star-Child angrily. "I am not your son. You are a beggar. You are ugly and poor. Leave now, because I don't want to see your disgusting face anymore."

"But you really are my little son," she said. "I gave birth to* you in the forest." She fell on her knees and held out her arms to him. "The robbers* stole* you from me and left you to die. But I recognized* you when I saw you. And I remembered the cloak of golden tissue and the amber chain. So please, come with me. I have been searching all over the world for you. Come with me, my son."

But the Star-Child didn't move from his place. He shut the doors of his heart against her. Now the house was filled with the sound of the woman crying painfully.*

"Stop crying," said the Star-Child coldly. "Even if you really are my mother, just stay away.* Don't come here, because you are bringing me shame.* I thought I was the child of a Star, and now you're telling me that I am a beggar's child. Just get out of here, and don't ever come back for me."

"Will you not give me just one kiss before I go?" she begged.* "I have suffered* so much to find you."

"No," said the Star-Child. "You are disgusting to look at. I would rather kiss a foul* toad* or a filthy* snake."

So the woman rose up and went away into the forest, crying bitterly. The Star-Child was glad to see her go. He ran back

---

mockingly 조롱하여 give birth to ~을 낳다 robber 강도, 도둑 steal 훔치다 recognize 인지하다, 알아보다 painfully 고통스럽게 stay away 떨어져 있다 shame 치욕, 수치 beg 간청하다 suffer 고통을 겪다 foul 더러운, 악취 나는 toad 두꺼비 filthy 불결한, 아주 더러운

to his friends to play with them.

But when they saw him coming, they mocked him and said, "You are as foul as a toad, and as filthy as a snake. Go away! We don't want to play with you." And they drove him out of the garden.

The Star-Child frowned and said to himself, "What are they talking about? I will go to the well of water and look into it. And it will show me how beautiful I am."

So he went to the well of water and looked into it, but his face had turned into the face of a toad, and his body looked like a snake's. He fell down on the grass and cried, and said to himself, "I must be being punished* for my sin.* I have denied* my mother and driven her away. I have been proud and cruel to her. Now I will go and search the whole world for her. I will not rest until I find her."

Then the little daughter of the Woodcutter came to him. She put her hand on his shoulder and said, "Why does it matter if you're no longer beautiful? Stay with us, and I will not mock you."

"But I have been cruel to my mother," he said. "That is why I am being punished. I must find her and ask her for forgiveness.*"

So he ran away into the forest and shouted* after his mother, but there was no answer. He looked for her all day long, and at night he lay down to sleep on a bed of leaves. The birds and the animals ran away from him because they remembered his cruelty.* He was all alone in the forest, except for the toad that watched him, and the snake that crawled* slowly past.

He woke up early in the morning and plucked some bitter berries from the trees

---

punish 벌하다   sin 죄   deny 부인하다, 부정하다   forgiveness 용서
shout 외치다   cruelty 잔인성   crawl 기어가다, 기다

and ate them. Then he wandered* through the great forest again, crying sorely.* He asked every animal that he met about the whereabouts* of his mother.

"You live underground,*" he said to the Mole. "Please tell me if my mother is there."

"You have blinded* my eyes," the Mole answered. "How should I know?"

"You can fly over the tops of the tall trees," he said to the Linnet. "You can see the whole world. Tell me if you can see my mother."

"You clipped* my wings for fun," answered the Linnet. "I cannot fly anymore."

"Where is my mother?" he asked a Squirrel.

"You killed my mother," answered the Squirrel. "Are you going to kill yours too?"

The Star-Child cried and bowed* his

head. He prayed for* God's forgiveness. Then he went on through the forest, looking for his mother. By the end of the third day, he had arrived at the other side of the forest. He looked back at the forest for the last time and went down into the plain.*

When he passed through the villages, the children laughed at him and threw stones at him. The Star-Child was now so disgusting to look at that he was driven out of every village he went through. He searched for his mother for three years, but she was nowhere* to be found.

For three whole years, he wandered over the world, and in the world there was neither love nor kindness nor charity* for him.

---

wander 헤매다, 떠돌아다니다　**sorely** 심하게, 몹시　**whereabout** 행방, 소재　**underground** 지하에(서)　**blind** 눈멀게 하다　**clip** 자르다, 깎다　**bow** 머리를 숙이다, 허리를 굽히다　**pray for** ~을 간절히 바라다　**plain** 평원, 벌판　**nowhere** 아무 데도 ~ 없는　**charity** 동정, 자비

One evening, he came to the gate of a walled city that stood by a river. He was tired and his feet were sore.* When he tried to enter the city, the guards* dropped their halberds* across the entrance.*

"Why have you come to our city?" they said roughly.*

"I am looking for my mother," he answered. "Please let me in. She may be in your city."

The guards laughed loudly. One of them set down* his shield* and said, "I don't think your mother will be very happy to see you. You are the ugliest thing I have ever seen. Now go away. Your mother is not in this city."

"Who is your mother, and why are you looking for her?" asked the other.

"My mother is a beggar just like me," answered the Star-Child. "I have treated her badly. Please let me through so that I might find her and ask for her forgiveness." But they told him to go away and pricked* him with their spears.*

The Star-Child turned away, weeping. Then a Knight* came up to the guards.

"Who was it that just tried to enter the city?" asked the Knight.

"It was a beggar, looking for his beggar mother," one of the guards answered. "We drove him away."

"That was silly," the Knight cried, laughing. "We should sell him as a slave. His price will be the price of a bowl* of sweet wine."

Then an old and evil-faced man who was passing by called out and said, "I will buy him for that price!" He paid the price and took the Star-Child by the hand and

---

sore 아픈, 쓰린 **guard** 보초, 위병 **halberd** 미늘창 **entrance** 입구 **roughly** 거칠게, 난폭하게 **set down** ~을 내리다 **shield** 방패 **prick** 찌르다 **spear** 창 **knight** 기사 **bowl** (우묵하게 생긴) 잔, 그릇

led him into the city.

They went through many streets and came to a little door that was set in a wall covered by a pomegranate tree.* The old man opened the door, and they went down five steps of brass.* They entered a garden filled with black poppies* and green jars* of burnt* clay.* The old man took out a silk scarf from his turban and bound* the eyes of the Star-Child with it. The old man then led the Star-Child by the hand, and when the scarf was taken off his eyes, the Star-Child found himself in a dungeon.*

Then the old man threw him some moldy* bread and said, "Eat." He gave him some dirty water in a cup and said, "Drink." When the Star-Child had eaten and drunk, the old man went out and locked* the door behind him. The door was then fastened* with an iron chain.*

The old man was one of the most famous magicians* of Libya.* He had learned magic* from a magician who lived in the tombs* of the Nile. The next morning, he came to the Star-Child and frowned at him.

"There are three pieces of gold in a woods near the city," he said to the Star-Child. "One is of white gold, and another is of yellow gold, and the last is of red gold. Go there and bring me the piece of white gold. If you don't bring it to me today, I will beat* you a hundred times with my whip.* Go now, and at sunset I will be waiting for you at the door of the garden." And he bound the eyes of the Star-Child with the silk scarf again. He led

---

pomegranate tree 석류나무 **brass** 놋쇠, 황동 **poppy** 양귀비 **jar** 단지, 항아리 **burnt** 구운 **clay** 점토, 찰흙 **bind** 묶다 **dungeon** 지하 감옥 **moldy** 곰팡이가 핀, 곰팡내 나는 **lock** 자물쇠를 채우다 **fasten** 묶다, 단단히 고정시키다 **iron chain** 쇠사슬 **magician** 마술사, 요술쟁이 **Libya** 리비아 (국가) **magic** 마법, 마술 **tomb** 무덤, 묘 **beat** 때리다, 매질하다 **whip** 채찍; 채찍질하다

him through the house, and through the garden of poppies, and up the five steps of brass. Then he threw the Star-Child out onto the street.

The Star-Child walked wearily* out of the gate of the city. After a while, he came to the woods near the city.

Now this woods was very beautiful to look at from the outside. It seemed full of singing birds and colorful flowers, and so the Star-Child entered it happily. But the inside of the woods was filled with harsh* briers* and thorns* shot up* from the ground. The Star-Child was stung* by evil nettles,* and the thistle* pierced* him with her daggers.* He looked everywhere, but he could not find the piece of white gold. And at sunset, he turned back toward home, weeping bitterly, for he knew he was going to be whipped.

But when he reached the outskirts of

the woods, he heard a loud cry of pain.* Forgetting his own sorrow,* he ran to the place and found a little Hare caught in a trap* that some hunter had set.

The Star-Child felt sorry for it and released* it.

"I am myself only a slave," he said to the Hare. "But I'm glad I could set you free."

"You have given me freedom," said the Hare. "I must repay* you. What would you like me to do for you?"

"I am looking for a piece of white gold, but I cannot find it anywhere. If I don't take it back with me, my master will beat me."

"Come with me. I will lead you to it. I know exactly* where it is hidden,* and

---

wearily 기진맥진하여 **harsh** 거친 **brier** 찔레 **thorn** 가시나무 **shoot up** 급속히 자라다 **sting** 찌르다, 쏘다 **nettle** 쐐기풀 **thistle** 엉겅퀴 **pierce** 꿰뚫다, 꿰찌르다 **dagger** 단도, 비수 **pain** 아픔, 고통 **sorrow** 슬픔, 비애 **trap** 덫, 함정 **release** 놓아주다, 해방시키다 **repay** 보답하다, 은혜를 갚다 **exactly** 정확하게 **hide** 감추다, 숨기다

why."

So the Star-Child followed the Hare and found the piece of white gold in the cleft* of a great oak tree.* He was filled with joy, and he said to the Hare, "You have repaid me a hundred-fold* for the kindness that I showed you!"

"No," answered the Hare. "I have simply* helped you because you helped me." And it ran away swiftly,* and the Star-Child ran back toward the city.

Now there was a leper sitting at the gate of the city. Over his face hung* a cowl* of gray linen,* and through the eyelets* his eyes looked like red coals.* When he saw the Star-Child coming, he struck* upon a wooden* bowl, and said, "Give me some money, or I will die of hunger. They have thrown me out of the city, and there is no one who has pity on me."

"I only have one piece of money in my

wallet,*" said the Star-Child. "If I do not bring it to my master, he will beat me."

But the leper begged and begged, and finally the Star-Child gave him the piece of white gold.

When he came to the Magician's house, the Magician brought him in, and asked him, "Where is the piece of white gold?" And the Star-Child answered, "I don't have it." So the Magician tied him up and whipped him a hundred times. Then he threw him into the dungeon without giving him anything to eat or drink.

The next day, the Magician came to him and said, "Today, you are to bring me the piece of yellow gold. If you fail me again, I will whip you three hundred times."

So the Star-Child went back to the

---

cleft 갈라진 틈 **oak tree** 떡갈나무, 참나무 **-fold** ~겹의, ~곱의 **simply** 다만, 단지 **swiftly** 신속히, 빨리 **hang** 매달리다, 매달다 **cowl** 고깔, 두건 **linen** 아마포, 리넨 **eyelet** 작은 구멍 **coal** 석탄 **strike** 치다, 때리다 **wooden** 나무로 만든 **wallet** 지갑

woods. He searched all day long for the piece of yellow gold, but it was nowhere to be found. At sunset, he sat down and began to weep. As he sat there weeping, the little Hare that he had rescued* from the trap came to him.

"Why are you crying?" asked the Hare. "And what are you looking for today?"

"I am looking for a piece of yellow gold that is hidden here," answered the Star-Child. "If I don't find it, my master will whip me three hundred times."

"Follow me," said the Hare. It ran through the woods until it came to a pool of water. And at the bottom of* the pool was the piece of yellow gold.

"I don't know what to say!" said the Star-Child. "You have saved me for the second time. How can I repay you?"

"You showed pity on me first," said the Hare, and it ran away.

The Star-Child took the piece of yellow gold and put it in his wallet. As he was about to enter the city, the leper saw him and cried, "Give me some money, or I will die of hunger."

"I only have one piece of yellow gold in my wallet," said the Star-Child. "If I don't bring it to my master, he will beat me."

But the leper begged and begged again, and at last the Star-Child gave him the piece of yellow gold.

When he came to the Magician's house, the Magician whipped him three hundred times and threw him back into the dungeon.

The next morning, the Magician came to him, and said, "If you bring me the piece of red gold today, I will set you free. But if you fail, I am going to kill you."

---

rescue 구출하다, 구조하다 **at the bottom of** ~의 밑바닥에

So the Star-Child went back to the woods. He searched all day long for the piece of red gold, but he couldn't find it anywhere. And in the evening, he sat down and cried, and the little Hare came to him again.

"I know where the piece of red gold is," said the Hare. "It is in the cavern* that is behind you."

"How can I thank you enough?" cried the Star-Child. "This is the third time you have saved me."

"You showed pity on me first," said the Hare, and it ran away.

The Star-Child entered the cavern. In its farthest corner, he found the piece of red gold. He put it in his wallet ran back to the city. And the leper saw him coming again and stood in the center of the road. He stopped the Star-Child and said, "Give me the piece of red gold, or I will die." The

Star-Child had pity on him again, and gave him the piece of red gold, saying, "Your need is greater than mine."

But strangely, as the Star-Child passed through the gate of the city, the guards bowed down to him.

"How beautiful is our Lord!" they cried. Then a crowd of citizens* followed him, and cried out, "Surely he is the most beautiful person in the whole world!"

The Star-Child cried and said to himself, "They are mocking me. They are making fun of my misery.*" And the crowds of people around became so big that he lost his way. Then, after some time, he found himself in a great square,* in which there was a palace of a King.

The gate of the palace opened, and the priests and the courtiers* of the city ran

---

cavern 동굴 **citizen** 시민 **misery** 고통, 빈곤 **square** 광장 **courtier** 조신, 신하

forth* to meet him.

"You are the son of our King," they said to him. "We have been waiting for you, our Lord."

"I am not King's son," answered the Star-child. "I am the child of a poor beggar. And why are you all saying that I am beautiful? I know that I am disgusting to look at."

Then the Knight held up his shield and cried, "How can my Lord say that he is not beautiful?"

The Star-Child looked into the shield and saw that his face was as it had been. He was beautiful once again, and he saw something in his eyes that he had never seen before.

The priests and the courtiers knelt down and said to him, "It was prophesied* long ago that our ruler would come to us on this day. Please take this crown and this scepter,* and be our King."

"I am not worthy,*" said the Star-Child. "I have denied the mother who gave birth to me. I cannot rest until I have found her and have her forgiveness. So let me go. I must wander again all over the world."

As he spoke, the Star-Child turned his face toward the street that led to the gate of the city. To his surprise,* he saw his mother sitting by the road, next to the leper! A cry of joy broke from his lips, and he ran over to her and knelt down. He kissed the wounds* on his mother's feet and wet them with his tears.

"Mother, I denied you in the hour of my pride," he said, still weeping bitterly. "Please accept* me in the hour of my humility.*" But the woman did not say a

---

forth 앞으로, 전방으로 prophesy 예언하다, 예측하다 scepter 홀 worthy 자격이 있는 to one's surprise 놀랍게도 wound 상처, 부상 accept 받아들이다 humility 겸손, 비하

word.

Then the Star-Child reached out his hands, and grabbed the white feet of the leper.

"I have helped you three times!" the Star-Child said. "Please tell my mother to speak to me." But the leper didn't say anything.

"Mother, my suffering is greater than I can bear," cried the Star-child. "Please forgive me, and let me go back to the forest."

And the woman put her hand on his head, and said to him, "Rise." Then the leper put his hand on his head, and said to him, "Rise."

As he rose up, they rose up with him. In fact, they were the King and Queen.

"This is your father," the Queen said. "You have just saved him."

"This is your mother," said the King.

They held him and kissed him. They brought him into the palace and dressed him in magnificent* robe,* and they set the crown upon his head and the scepter in his hand.

He ruled over* the city with much justice* and mercy. He banished* the evil Magician, and sent many expensive gifts to the Woodcutter and his wife. He told his people not to be cruel to birds or animals. He taught love and kindness and charity. He gave bread to the poor, and there was peace and happiness throughout his kingdom.

But he did not rule for long. His suffering through the journey had been too great, and he died three years later.

---

magnificent 훌륭한, 감명 깊은 robe 옷, 예복 rule over ~을 다스리다, 통치하다 justice 정의, 공정 banish 추방하다

전문번역

행복한 왕자

p.12 행복한 왕자의 동상은 높은 기둥 위에 도시 위로 우뚝 솟아 있었다. 왕자는 얇은 멋진 금박들로 온몸이 뒤덮여 있었다. 눈으로 왕자는 두 개의 사파이어를 가지고 있었고, 커다란 붉은 루비 하나는 그의 검 자루에서 광채를 발했다.

"그는 닭 모양의 풍향계만큼이나 아름답군요." 예술적인 취향을 가지고 있다는 평판을 구축하고 싶어 하는 시의원들 중 한 명이 말했다. p.13 "하지만 행복한 왕자의 동상은 그렇게 썩 유용하지는 않아요." 사람들이 행복한 왕자의 동상을 실용적이지 못하다고 생각할지도 모른다고 우려하며 시의원은 덧붙여 말했는데, 행복한 왕자가 실용적이지 못한 것은 아니었다.

"왜 너는 행복한 왕자처럼 되지 못하니?" 어느 어머니가 울고 있는 어린 아들에게 말했다. "행복한 왕자는 어떠한 것에도 우는 법이 절대 없단다."

"세상에 저렇게 행복한 누군가가 있다는 것이 기쁘군." 실의에 잠긴 사람이 아름다운 동상을 응시하며 중얼거렸다.

"저분은 꼭 천사 같아요." 보육원의 아이들이 대성당을 나오며 말했다.

p.14 "너희가 어떻게 아니?" 수학 교사가 물었다. "너희들은 천사를 본 적이 한 번도 없잖아."

"하지만 저희는 본 적이 있어요! 꿈속에서요!" 아이들이 대답했다. 수학 교사는 아이들이 꿈꾸는 것을 찬성하지 않았기 때문에 눈살을 찌푸렸고 몹시 심각해 보였다

어느 날 밤, 작은 제비 한 마리가 도시 위로 날아왔다. 제비의 친구들은 6주 전에 이집트로 날아가 버렸지만, 그는 뒤에 남았다. 제비는 가장 미모가 뛰어난 갈대와 사랑에 빠졌기 때문에 남아 있었다. 제비는 이른 봄에 커다란 노란 나방을 쫓아 강 하류로 날아 내려오다가 그 갈대를 처음 보았다. 제비는 갈대의 가느다란 허리에 너무나 매력을 느껴 그녀에게 말을 걸려고 멈춘 것이었다.

"나는 당신을 사랑해요."라고 제비는 말했는데, 그는 단도직입적으로 말하기를 좋아했다. 그러자 갈대는 제비에게 깊이 고개 숙여 절을 했다. p.15 제비는 날개로 살포시 물을 튀기고 은빛의 잔물결을 만들며 갈대 주위를 날아다녔다. 제비는 여름 내내 갈대에게 사랑 고백을 했다.

"저 제비는 아주 어리석군." 다른 제비들이 지저귀었다. "갈대는 돈도 없고 친척들이 지나치게 많아."

그것은 사실이었다. 강은 갈대들로 가득했다. 그런 다음 가을이 오자 동료 제비들은 모두 멀리 날아갔다. 동료 제비들이 떠나고 나니 제비는 외로워졌고 곧 자신의 여인에게 싫증이 나게 되었다.

"그녀는 따분해." 제비는 혼잣말을 했다. "그리고 그녀는 바람을 사랑하는 것 같아. 그녀는 언제나 환심을 사려고 바람과 시시덕거리거든." 이것은 또한 사실이기도 했다. 바람이 불 때마다 갈대는 최고로 우아한 절을 했다. p.16 "게다가 나는 여행하는 것을 아주 좋아해." 제비가 덧붙여 말했다. "그러니까 결과적으로 내 아내 역시 여행하는 것을 아주 좋아해야 해."

"나와 함께 떠날래요?" 마침내 제비가 갈대에게 물어보았다. 그러나 갈대는 머리를 흔들었다. 갈대는 지나치게 자신의 집에 집착했다.

"당신은 나랑 사랑 놀음을 해 오고 있었군요." 제비가 갈대에게 물어보았다. "나는 피라미드로 떠납니다. 잘 있어요!"

그 말과 함께, 제비는 날아갔다. 하루 종일 제비는 날았고, 밤에는 도시에 도착했다.

'어디에서 하룻밤을 묵어야 할까?' 제비는 생각했다.

그때 제비는 높은 기둥 위에 있는 근사한 동상을 보았다.

"저기에서 묵어야지." 제비가 지저귀었다. "그곳은 아름답기도 하고, 신선한 공기도 풍부하군." 그래서 제비는 행복한 왕자의 두 발 사이에 내려앉았다.

"아! 이것은 황금 침대로군!" 제비가 주변을 둘러보며 조용히 혼잣말을 했다. p.17 제비는 잠이 들 채비를 했으나, 날개 밑으로 머리를 막 넣으려는 순간, 커다란 물방울이 제비의 머리 위로 떨어졌다. "참 이상하군!" 제비가 소리쳤다. "하늘에는 구름 한 점 없는데, 비가 오고 있잖아. 북유럽의 날씨는 끔찍해."

그때 또 다른 물방울이 떨어졌다.

"비를 막을 수 없다면 이 동상이 무슨 소용이 있겠어?" 제비가 말했다. "괜찮은 굴뚝 꼭대기의 통풍관을 찾아봐야겠군." 제비는 날아가려고 날개를 퍼덕거렸다.

하지만 제비가 막 떠나려던 찰나, 세 번째 물방물이 떨어졌다. 제비는 위를 쳐다보고서, 놀랍게도 행복한 왕자의 두 눈에 눈물이 가득 고인 것을 발견했다! 실제로, 눈물은 그의 황금빛 뺨을 따라 흘러내리고 있었다. p.18 작은 제비는 갑자기 애처로운 생각이 한껏 들었다.

"당신은 누구세요?" 제비가 물었다.

"나는 행복한 왕자란다."

"그럼 왜 울고 있는 거예요?" 제비가 물었다. "왕자님이 나를 흠뻑 적셔 놓았어요."

"나는 슬프기 때문에 우는 거란다." 동상이 대답했다. "내가 살아 있었을 때, 그리고 내가 인간의 심장을 가지고 있을 때에는 눈물이 무엇인지 몰랐어. 나는 슬픔이 들어오는 것이 허용되지 않는 궁전에서 살았단다. 낮에는 정원에서 친구들과 놀았고, 저녁에는 커다란 홀에서 춤을 추었지. 정원 주변에는 높은 담장이 있었지만, 나는 그 너머에 무엇이 있는지 물어보려고 절대 애쓰지 않았단다. 내 주변의 모든 것이 아주 아름다웠지. 내 신하들은 나를 행복한 왕자라고 불렀고, 나는 정말로 늘 행복했단다. 그렇게 나는 살았고, 또 그렇게 죽었지. 하지만 내가 죽으니까 그들이 나를 이곳에 세워 두었어. 나는 아주 높이 서 있기 때문에 내 도시의 모든 추함과 모든 고통을 볼 수 있지. p.19 비록 내 심장은 납으로 만들어져 있지만, 나는 울지 않을 수 없단다."

'뭐야! 이 사람은 순금이 아닌가?'라고 제비는 생각했다. 제비는 너무나 예의가 발라서 개인적인 의견을 큰 소리로 말하지는 못했다.

"멀리 있는 어느 작은 거리에 초라한 집 한 채가 있단다." 행복한 왕자가 말했다. "창문 중 하나가 열려 있어. 그 창문을 통해 나는 식탁에 앉아 있는 한 여자를 볼 수 있단다. 그녀의 얼굴은 여위고 지쳐 있어. 그녀는 여기저기 바늘에 찔린 거칠거칠한 손을 가지고 있는데, 그녀가 재봉사이기 때문이야. 그녀는 여왕의 들러리들이 다음번 궁중 무도회에서 입을 공단 드레스 위에 시계풀을 수놓고 있단다. 침실의 구석에 있는 침대에는 몹시 아픈 그녀의 어린 아들이 있어. p.20 그 아이는 열이 나고 오렌지를 먹고 싶어 해. 아이의 엄마는 아이에게 강물 외에는 아무것도 줄 수가 없으므로 아이는 울고 있단다. 제비야, 제비야, 작은 제비야. 내 검 자루에서 루비를 빼내서 그것을 그 여인에게 가져다주지 않겠니? 내 발은 이 받침대에 단단히 고정되어 있어서 내가 움직일 수는 없거든."

"나는 이집트로 가야 해요." 제비가 말했다. "내 친구들은 이미 나일 강을 위아래로 날고 있어요. 그런 다음 그들은 위대한 왕의 무덤 안으로 잠을 자러 갈 거예요."

"제비야, 제비야, 작은 제비야." 왕자가 말했다. "딱 하룻밤만 나와 함께 머무르면서 내 전령이 되어 주지 않을래? 그 어린 소년은 몹시 목이 마르고, 엄마는 몹시 슬퍼한단다."

"나는 사내아이들을 좋아하지 않아요." 제비가 대답했다. "지난여름 두 명의 무례한 사내아이들이 가끔씩 나에게 돌을 던지곤 했어요. 그들은 물론 나를 절대 맞히지 못했어요. 우리 제비들은 그러기에는 너무 빠르거든요."

p.21 그러나 행복한 왕자가 너무 슬퍼 보여서 작은 제비는 안쓰러워졌다.

"이곳은 아주 추워요." 제비가 말했다. "하지만 나는 왕자님과 함께 하룻밤을 더 머물면서 왕자님의 전령이 되겠어요."

"고마워, 작은 제비야." 왕자가 말했다.

제비는 왕자의 검에서 커다란 루비를 빼냈다. 제비는 자신의 부리에 그것을 물고 도시의 지붕 위를 날아갔다.

제비는 하얀 대리석 천사들이 있는 대성당 탑을 지나갔다. 제비는 궁전을 지났고 사람들이 술을 마시고 춤추는 소리를 들었다. 아름다운 여자 한 명이 자기 연인과 함께 발코니로 나왔다.

p.22 "별들이 참 멋져요." 남자가 여자에게 말했다. "그리고 사랑의 힘은 참으로 놀랄 만하죠!"

"제 드레스가 무도회에 맞추어 제시간 안에 준비되면 좋겠어요." 여자가 말했다. "저는 그 위에 시계풀이 수놓아지도록 주문했어요. 하지만 여자 재봉사들이 얼마나 게으른지 아시잖아요."

제비는 강 위를 지났고 배들의 돛대에 걸려 있는 등불들을 보았다. 제비는 유대인 지구 위를 지났고 늙은 유대인들이 서로 물건 값을 흥정하고 있는 것을 보았다. 마침내 제비는 초라한 집에 도착하여 안을 들여다보았다. 아들은 침대 위에 있었고 엄마는 잠들어 있었다. 엄마는 매우 피곤해 보였다. 제비는 깡충 뛰어 들어가 커다란 루비를 탁자 위에 놓았다. 그런 다음 제비는 날개로 아들의 이마에 부채질을 해 주며 조용히 침대 주변을 날아다녔다.

"열이 내리고 있는 게 느껴져." 사내아이가 말했다. "나는 분명히 건강해지고 있는 거야." 그런 다음 사내아이는 단잠에 빠졌다.

p.23 제비는 행복한 왕자에게 도로 날아와 자신이 했던 일을 말해 주었다.

"이상하네요." 제비가 말했다. "날씨가 몹시 추운데도 지금 나는 아주 따뜻한 것 같아요."

"그것은 네가 뭔가 착한 일을 했기 때문이란다." 왕자가 말했다. 작은 제비는 잠시 생각에 잠겼다가 잠이 들었다. 생각을 하는 것은 항상 제비를 졸리게 했다.

아침이 오자, 제비는 강으로 내려가 목욕을 했다.

"참으로 주목할 만한 현상이군!" 새들과 그들의 행동을 연구하는 어느 교수가 다리를 건너가면서 말했다. "겨울에 제비가 이곳에 있다니!" 그날 오후, 교수는 그 지역 신문사에 그에 관하여 장문의 편지를 썼다.

p.24 "오늘밤에 나는 이집트로 갑니다." 제비가 말했다. 제비는 자기 친구들을 다시 만나기를 학수고대하고 있었다. 제비는 모든 공공 기념 건조물들을 방문했고 오랫동안 교회 첨탑 꼭대기에 앉아 있었다.

달이 떠오르자, 제비는 행복한 왕자에게 돌아갔다.

"나는 지금 이집트로 떠납니다." 제비가 말했다.

"제비야, 제비야, 작은 제비야." 왕자가 말했다. "나와 딱 하룻밤만 더 머무르지 않겠니?"

"하지만 내 친구들이 이집트에서 나를 기다리고 있어요." 제비가 대답했다. "내일 그들은 거대한 폭포 위로 날아오를 거예요. 그런 다음 멤논 신이 앉아 있는 화강암 옥좌로 갈 거예요. 멤논 신은 밤새도록 별들을 관찰해요. 정오에는 사자들과 그들의 새끼들이 물을 마시러 물가로 내려와요. 그들의 으르렁거리는 소리는 폭포의 쏴 하는 물소리보다 더 크지요."

"제비야, 제비야, 작은 제비야." 왕자가 말했다. p.25 "도시 반대쪽의 다락방에 있는 한 젊은이가 보이는구나. 그는 종이로 뒤덮인 책상 위로 몸을 구부리고 있고, 그의 옆에 있는 쓰레기통에는 구겨진 종이 뭉치가 있어. 그는 극장 연출가에게 줄 희곡을 끝내려고 애쓰고 있지만, 너무 추워서 집중할 수가 없어. 벽난로에는 불이 없고, 그는 몹시 허기져 있구나."

"오늘 밤은 왕자님과 머물겠어요." 진정 마음씨 착한 제비가 말했다. "내가 그에게 루비를 주기를 원하세요?"

"하지만 나는 이제 루비가 하나도 없단다." 왕자가 말했다. "내 눈이 내가 남겨둔 전부야. 그것들은 진기한 사파이어로 만들어져 있는데, 천 년 전에 인도에서 가져온 것들이란다. p.26 그 눈 하나를 뽑아내서 젊은이에게 갖다 주렴. 그는 귀금속 상인에게 그것을 팔아서 음식과 땔나무를 사고 희곡을 끝낼 수 있겠지."

"왕자님, 나는 그럴 수 없어요." 제비가 말했다. 그리고 울기 시작했다.

"제비야, 제비야, 작은 제비야." 왕자가 말했다. "내가 부탁하는 대로 해주렴."

제비는 왕자의 눈 하나를 뽑아내서 젊은이의 다락방으로 날아갔다. 지붕에 구멍이 있어서 안으로 들어가는 것은 쉬웠다. 젊은이는 손에 머리를 파묻고 있어서 제비 날개가 퍼덕거리는 소리를 듣지 못했다. 잠시 후 고개를 들었을 때, 그는 자기 책상 위에서 아름다운 사파이어를 발견했다.

"누군가가 드디어 내 작품의 진가를 인정해 주는구나." 젊은이가 큰 소리로 말했다. "이것은 분명히 어느 훌륭한 팬으로부터 온 거야. 이제 내 희곡을 끝낼 수 있겠구나." 그리고 젊은이는 무척 행복해 보였다.

다음날 제비는 항구로 내려갔다. 제비는 큰 배의 돛대에 앉아 선원들이 밧줄로 커다란 상자들을 힘껏 잡아당기는 것을 지켜보았다.

p.27 "나는 오늘 밤에 이집트로 갈 거예요!" 제비가 소리쳤지만, 아무도 듣지 않았다. 그리고 달이 뜨자, 제비는 행복한 왕자에게 도로 날아왔다.

"작별인사를 하러 왔어요." 제비가 말했다.

"제비야, 제비야, 작은 제비야." 왕자가 말했다. "나와 딱 하룻밤만 더 머무르지 않겠니?"

"지금은 겨울이에요." 제비가 대답했다. "곧 눈이 내리기 시작할 거예요. 이집트에서는 태양이 매일 야자나무들 위로 내리쬐고, 악어들은 진흙탕 속에 누워 있지요. 내 친구들은 사원에 둥지를 짓고 있고, 분홍색과 흰색의 비둘기들이 내 친구들을 지켜보고 서로에게 구구거리고 있어요. 왕자님, 나는 왕자님을 떠나야 하지만, 절대로 왕자님을 잊지 않을 거예요. p.28 그리고 내년 봄에 왕자님이 나누어준 것들을 대신할 두 개의 아름다운 보석들을 왕자님에게 도로 가지고 올게요. 루비는 붉은 장미보다 더 붉을 것이고, 사파이어는 큰 바다보다 더 푸를 거예요."

"아래쪽 광장을 보렴." 행복한 왕자가 말했다. "저기 한 성냥팔이 소녀가 서 있어. 그녀는 자신의 성냥들을 도랑에 떨어뜨렸고, 그것들은 모두 못쓰게 되었단다. 만약 소녀가 집으로 돈을 가지고 가지 못한다면 그녀의 아버지가 그녀를 때릴 것이라서 소녀는 울고 있단다. 소녀는 신발도 안 신었고 스타킹도 안 신었어. 소녀의 아버지가 소녀를 때릴 수 없게 내 다른 쪽 눈을 뽑아내서 그것을 그녀에게 주렴."

"오늘 밤은 왕자님과 머물겠어요." 제비가 말했다. "하지만 나는 왕자님의 눈을 뽑아낼 수 없어요. 왕자님은 눈이 안 보이게 될 거예요."

"제비야, 제비야, 작은 제비야." 왕자가 말했다. "내가 부탁한 대로 해 주렴."

그래서 제비는 왕자의 다른 쪽 눈을 뽑아내어 그것을 가지고 아래로 날아갔다. p.29 제비는 성냥팔이 소녀를 지나치며 급강하여 보석을 소녀의 손바닥에 떨어뜨렸다.

"참 예쁜 유리 조각이로구나." 어린 소녀가 소리쳤다. 그런 다음 소녀는 기뻐서 웃으며 집으로 달려갔다.

그러고 나서 제비는 행복한 왕자에게 도로 날아왔다.

"왕자님은 이제 눈이 안 보여요." 제비가 말했다. "지금부터 나는 왕자님과 머물겠어요."

"안 돼, 작은 제비야." 왕자가 말했다. "너는 이집트로 날아가야 해."

"나는 언제까지나 왕자님과 머물겠어요." 제비가 말했다. 제비는 왕자의 발에 앉아 잠이 들었다.

다음날 제비는 하루 종일 왕자의 어깨에 앉아 자기가 낯선 나라에서 본 것에 관한 이야기들을 들려주었다.

p.30 "작은 제비야, 너는 놀라운 이야기들을 나에게 들려주는구나." 왕자가 말했다. "하지만 사람들의 고통은 세상에서 그 어떤 것보다 더 놀랍단다. 작은 제비야, 내 도시 위를 날면서 네가 보는 것을 나에게 이야기해 주렴."

그래서 제비는 대도시 위를 날았고, 부자들이 자신의 아름다운 집에서 흥청망청 노는 것을 보았다. 그러는 동안 거지들은 대문에 앉아 있었다. 제비는 어두컴컴한 골목으로 날아갔고 어두운 거리를 내다보고 있는 굶주린 아이들의 허연 얼굴들을 보았다. 어느 다리 아래에서는 두 명의 어린 소년이 몸의 온기를 유지하려고 애쓰며 서로 껴안고 있었다.

"나는 몹시 배가 고파!" 그들 중 한 명이 다른 한 명에게 말했다.

"너희들, 여기 머무르면 안 돼." 방범대원이 소리쳤고 그들은 강제로 빗속으로 쫓겨났다.

p.31 제비는 도로 날아가 왕자에게 자신이 본 것들을 이야기해 주었다.

"나는 순금으로 덮여 있어." 왕자가 말했다. "그것을 한 겹 한 겹 떼어 가난한 사람들에게 주렴."

제비는 부탁받은 대로 했다. 얼마 안 있어 왕자가 점점 더 우중충해져 갈수록 가난한 아이들의 뺨은 점점 더 발그레해졌다.

다음날 눈이 내리기 시작했고, 눈이 온 후에는 서리가 내렸다. 가엾은 작은 제비는 점점 더 추위를 탔으나, 제비는 왕자를 떠나지 않았다. 제비는 왕자를 너무나 많이 사랑했다. 제비는 빵집 밖에서 빵 부스러기들을 주워 먹고 날개를 퍼덕이며 온기를 유지하려고 애썼다.

그러나 마침내 제비가 자신이 죽을 것임을 알게 된 날이 왔다. p.32 제비에게는 한 번 더 왕자의 어깨 위로 날아오를 힘만 남아 있었다.

"안녕히 계세요, 왕자님." 제비가 힘없이 말했다. "왕자님의 손에 입 맞추게 해 주시겠어요?"

"작은 제비야, 네가 드디어 이집트로 갈 거라니 기쁘구나." 왕자가 말했다. "너는 여기에 너무 오래 머물렀어. 그런데 말야, 너는 내 입술에 입을 맞추어야 해. 왜냐하면 나는 너를 사랑하니까."

"나는 이집트로 가지 않을 거예요." 제비가 말했다. "나는 죽음의 집으로 갈 거예요."

제비는 행복한 왕자의 입술에 입을 맞추고 그의 발치에 떨어져 죽었다.

며칠 후 사람들은 행복한 왕자가 얼마나 초라해 보이는지 알아채기 시작했다.

"왕자의 검에서 루비가 떨어졌군!" 시장이 말했다. "그의 눈은 없어졌고, 그는 더 이상 금빛이 아니야."

"왕자가 거지처럼 보이는군." 시의원들이 말했다.

p.33 다음날 그들은 행복한 왕자의 동상을 끌어내렸다.

"왕자는 더 이상 아름답지 않으므로 더 이상은 쓸모가 없어." 대학교의 미술 교수가 말했다.

그런 다음 동상은 용광로에서 녹여졌고, 시장은 그 금속을 가지고 무엇을 해야 할지 결정하려고 회의를 열었다.

"물론 우리는 다른 동상을 만들어야 합니다." 시장이 말했다. "그것은 내 동상이 되어야 합니다."

"안 되죠, 그것은 내 동상이 되어야 합니다." 시의원들은 각각 이렇게 말했고, 그들은 논쟁하기 시작했다.

"이 도시에서 가장 귀중한 것 두 개를 나에게 가지고 오너라." 신이 자신의 천사들 중 한 명에게 말했다. 그러고 나서 한 천사가 신에게 행복한 왕자의 납으로 만들어진 심장과 죽은 제비를 가지고 왔다.

p.34 "너는 현명하게 선택했구나." 신이 말했다. "이 작은 새는 천국의 나의 정원에서 언제까지나 노래하게 될 것이다. 그리고 나의 황금 도시에서, 행복한 왕자는 매일 밤낮 행복하게 나와 함께 머무를 것이다."

나이팅게일과 장미

p.35 "만약 내가 그녀에게 붉은 장미를 가져다준다면 나와 춤을 추겠다고 그녀가 말했어." 어린 학생이 말했다. "하지만 내 정원에는 붉은 장미가 한 송이도 없구나."

자신의 둥지에서, 나이팅게일이 그의 말을 들었다. p.36 나이팅게일은 나뭇잎들 사이로 내다보면서 궁금하게 생각했다.

"정원에 붉은 장미가 하나도 없어!" 학생이 소리쳤고, 그의 아름다운 눈에는 눈물이 가득 찼다. "아, 행복은 너무나 사소한 것들에 좌우되는구나! 나는 현명한 사람들이 쓴 모든 것을 읽었고, 철학의 모든 비밀을 알지만, 붉은 장미를 가지고 있지 못해서 불행해질 운명이로구나."

"그는 진정한 연인이구나." 나이팅게일이 말했다. "비록 내가 그를 잘 알지는 못하지만, 나는 밤마다 그에 대해 노래했어. 밤마다 나는 그의 이야기를 별들에게 들려줬는데, 결국 내가 그를 보게 되는구나. 열정이 그의 얼굴을 창백한 상아색으로 만들고, 슬픔이 그의 눈썹 위에 드리웠구나."

"왕자님이 내일 밤에 무도회를 주최하실 거야." 어린 학생이 중얼거렸다. "내 사랑이 그곳에 있겠지. 만약 내가 그녀에게 붉은 장미 한 송이를 줄 수 있다면, 그녀는 새벽까지 나와 춤을 출 거야. p.37 만약 내가 그녀에게 붉은 장미 한 송이를 가져다주면, 나는 그녀를 품에 안을 것이고, 그녀는 머리를 내 어깨에 기댈 거야. 그녀의 손은 내 손에 꽉 쥐어지겠지. 그런데 내 정원에 장미가 한 송이도 없어서 나는 무도회에서 외롭게 앉아 있게 되겠구나. 그녀는 나를 지나가 버릴 것이고, 내 마음은 산산이 부서질 거야."

"여기에 정말로 진정한 연인이 있구나." 나이팅게일이 말했다. "사랑은 나에게는 기쁨이지만, 그에게는 고통이구나. 사랑은 멋진 것이라야 해. 그것은 에메랄드보다 더 소중하지. 돈으로는 그것을 살 수 없어. 그것은 상인에게서 살 수도 없고 저울 위에서 값을 매길 수 없을지도 몰라."

"음악가들은 그들의 자리에 앉아 있겠지." 어린 학생이 말했다. "그들은 자기들의 현악기를 연주할 것이고, 내 연인은 하프와 바이올린 소리에 맞춰 춤을 출 거야. p.38 그녀는 심지어 마치 자기 발이 바닥에 닿지도 않는다는 듯이 춤을 출 것이고, 화려한 옷을 입은 왕자님의 신하들은 그녀 주위로 모여들 거야. 하지만 그녀는 나와는 춤을 추지 않을 거야. 나한테는 그녀에게 줄 붉은 장미가 없으니까." 그런 다음 학생은 풀밭 위에 털썩 몸을 던지고 얼굴을 손에 파묻은 채 울었다.

"그가 왜 울고 있는 거니?" 작은 초록색 도마뱀이 꼬리를 공중으로 치켜세우고 그의 옆을 달려 지나가며 물었다.

"왜 그런 거야?" 날개를 팔랑거리며 이리저리 날고 있는 나비가 말했다.

"왜 그런 거야?" 데이지가 자기 이웃에게 부드러운 목소리로 속삭였다.

"그는 붉은 장미 때문에 울고 있어." 나이팅게일이 말했다.

"붉은 장미 때문에?" 그들이 말했다. "참으로 웃기는군!"

p.39 그러나 나이팅게일은 학생의 슬픔의 비밀을 이해했다. 그래서 참나무에 조용히 앉아서 사랑의 미스터리에 관해 생각했다.

갑자기 나이팅게일은 자신의 갈색 날개를 펴고 공중으로 날아갔다. 나이팅게일은 그림자 마냥 작은 숲을 통과하고, 그림자 마냥 정원을 가로질러 날았다.

잔디밭 한가운데에는 아름다운 장미나무가 한 그루 있었다.

"나한테 붉은 장미 한 송이를 주렴." 나이팅게일이 소리쳤다. "답례로 너한테 나의 가장 아름다운 노래를 불러 줄게."

그러나 장미나무는 머리를 흔들었다.

"내 장미들은 하얗단다." 장미나무가 대답했다. "오래된 해시계 근처에서 자라는 내 남동생에게 가 보렴. p.40 아마도 그 애가 네가 원하는 것을 줄 거야."

그래서 나이팅게일은 오래된 해시계 근처에서 자라고 있는 장미나무 위로 날아갔다.

"나한테 붉은 장미 한 송이를 주렴." 나이팅게일이 소리쳤다. "답례로 너에게 나의 가장 아름다운 노래를 불러 줄게."

그러나 장미나무는 머리를 흔들었다.

"내 장미 들은 노란색이야." 장미나무가 대답했다. "학생의 창문 밑에서 자라는 내 남동생에게 가 보렴. 아마도 그 애가 네가 원하는 것을 줄 거야."

그래서 나이팅게일은 학생의 창문 밑에서 자라고 있는 장미나무 위로 날아갔다.

"나한테 붉은 장미를 주렴." 나이팅게일이 큰 소리로 말했다. "답례로 너한테 나의 가장 아름다운 노래를 불러 줄게."

그러나 장미나무는 머리를 흔들었다.

"내 장미는 붉은색이야." 장미나무가 대답했다. "하지만 겨울이 나의 정맥을 차갑게 식혔고, 눈은 내 꽃봉오리를 꼬집었으며, 폭풍은 내 가지들을 부러뜨렸지. p.41 나는 올해에는 더 이상 장미를 피우지 못할 거야."

"붉은 장미 한 송이가 내가 원하는 전부야." 나이팅게일이 소리쳤다. "단지 붉은 장미 한 송이면 돼! 내가 그것을 얻을 방법이 전혀 없을까?"

"방법이 하나 있어." 장미나무가 대답했다. "하지만 그것은 너무나 끔찍해서 감히 네게 말해줄 수가 없구나."

"말해줘." 나이팅게일이 말했다. "나는 쉽게 겁을 먹지 않거든."

"너는 달빛이 쓴 음악으로 그것을 만들어 내야 해." 장미나무가 말했다. "그런 다음 너의 심장에서 나온 피로 그것을 물들여야 해. 너는 네 가슴을 가시에 찌르고 나에게 노래해 주어야 해. 너는 밤새도록 나에게 노래해 주어야 하고, 가시는 너의 심장을 꿰뚫어서 너의 피가 내 정맥 안으로 흘러들어 내 피가 되어야 해."

p.42 "죽음이 붉은 장미 한 송이를 위해 치러야 할 큰 대가인 거구나." 나이팅게일이 소리쳤다. "목숨은 모두에게 아주 소중하지. 하지만 사랑은 목숨보다 더 좋은 거야. 게다가 인간의 심장에 비한다면 새의 심장이 뭐 대수겠어?"

그래서 나이팅게일은 자신의 갈색 날개를 펴고 공중으로 치솟았다. 나이팅게일은 그림자 마냥 정원 위로 휙 날아갔고, 그림자 마냥 작은 숲을 통과하여 날아갔다.

어린 학생은 여전히 자기 손으로 머리를 감싸고 풀밭 위에 누워 있었다. 눈물은 아직도 그의 아름다운 눈에서 마르지 않았다.

"기뻐하세요." 나이팅게일이 소리쳤다. "기뻐하세요. 당신은 붉은 장미를 가지게 될 테니까요. 내가 달빛이 쓴 음악으로 그것을 만들어 내고, 내 자신의 피로 그것을 물들일 거예요. 답례로 내가 당신에게 원하는 것은 오로지 당신이 진정한 연인이 되는 것이에요. 왜냐하면 사랑은 철학보다 더 현명하고, 권력보다 더 강력하니까요."

p.43 학생은 풀밭에서 고개를 들고 귀를 기울이려고 했다. 그러나 학

생은 오로지 책에 적혀 있는 것들만 알았기 때문에 나이팅게일이 그에게 하고 있는 말을 이해할 수가 없었다.

그러나 참나무는 이해했고, 슬픈 기분을 느꼈다. 참나무는 자기 가지에 둥지를 튼 작은 나이팅게일을 아주 좋아했다.

"나에게 마지막 노래를 한 곡 불러주렴." 참나무가 속삭였다. "네가 가버리고 나면 나는 무척 외로울 거야."

그래서 나이팅게일은 참나무에게 노래를 불러 주었다. 나이팅게일이 노래를 끝냈을 때, 학생이 일어났다. 학생은 자기 방으로 돌아가서 자신의 사랑을 생각하며 잠이 들었다.

그리고 하늘에서 달이 비출 때, 나이팅게일은 장미나무에게 날아갔다. p.44 나이팅게일은 자기 가슴을 가시에 갖다 대었고, 밤새도록 그렇게 노래했다. 차갑고 크리스털처럼 투명한 달이 몸을 숙이고 나이팅게일의 감미로운 목소리에 귀를 기울였다. 밤새도록 나이팅게일은 노래했고, 가시는 점점 더 깊이 그녀의 가슴속으로 파고들었으며, 그녀의 피가 그녀의 몸을 떠났다.

나이팅게일은 먼저 소년과 소녀의 마음속에서 사랑이 싹트는 것에 관해 노래했다. 그리고 장미나무의 가장 높은 가지에서는 노래가 한 곡 한 곡 이어짐에 따라 꽃잎이 한 장 한 장 생기면서 굉장한 장미가 피어났다. 그러나 장미는 여전히 색깔이 연했다.

"더 세게 눌러, 작은 나이팅게일아." 장미나무가 말했다. "안 그러면 장미가 완성되기 전에 날이 밝을 거야."

그래서 나이팅게일은 가시에 대고 더 세게 내리눌렀다. 나이팅게일은 또한 점점 더 크게 노래하기 시작했는데, 남자와 여자의 영혼 속에 있는 열정의 탄생에 관해 노래를 부르고 있었기 때문이었다.

p.45 신부의 입술에 입맞춤했을 때 신랑의 얼굴에 핀 홍조처럼 고운 홍조가 장미의 잎사귀들로 들어갔다. 그러나 가시는 아직 나이팅게일의 심장에 도달하지 않았다. 그래서 장미의 마음은 여전히 흰색이었는데, 나이팅게일의 피만이 장미의 심장을 진홍색으로 물들일 수 있기 때문이었다.

"더 세게 눌러, 작은 나이팅게일아." 장미나무가 말했다. "안 그러면 장미가 완성되기 전에 날이 밝을 거야."

그래서 나이팅게일은 가시에 대고 더욱 세게 내리눌렀으며, 마침내 가시가 나이팅게일의 심장에 닿았다. 고통의 잔인한 격통이 나이팅게일을 훑으며 찌릿찌릿 느껴졌다. 고통은 점점 더 심해졌고, 노래는 점점 더 거칠어졌다. p.46 이제 나이팅게일은 죽음에 의해 완성되는 사랑, 무덤에서 죽지 않는 사랑에 관해 노래를 부르고 있었다. 그리고 굉장한 그 장미는 진홍색이 되었다.

그러나 이제 나이팅게일의 목소리는 약해졌으며, 작은 날개는 파닥거리기 시작했고 눈은 흐려졌다. 나이팅게일의 노래는 점점 더 약해졌고, 나이팅게일은 목구멍에서 자신을 숨 막히게 하는 무엇인가를 느꼈다.

그러고 나서 나이팅게일은 마지막 한 곡을 토해 냈다. 하얀 달은 그 노래를 들었고, 새벽을 잊고 하늘에 머물렀다. 붉은 장미는 그 노래를 들었고, 황홀경에 떨었으며, 신선하고 차가운 아침 공기에 꽃잎들을 새로 열었다. 메아리가 산에 있는 자신의 자줏빛 동굴에 나이팅게일의 노래를 품었고, 내내 꿈을 꾸며 잠자고 있던 양치기들을 깨웠다. 노래는 강의 갈대들 사이로 떠돌아다녔고, 그것들은 그 노래의 메시지를 바다로 보냈다.

"봐, 여기를 봐!" 장미나무가 소리쳤다. "장미는 이제 완성되었어! 그것은 아름답구나!"

p.47 그러나 나이팅게일은 대답하지 않았다. 나이팅게일은 여전히 가시를 가슴에 꽂은 채 죽어서 길게 자란 풀 속에 누워 있었다.

이른 오후에 학생이 창문을 열고 밖을 내다보았다.

"참 근사한 행운의 조각이구나!" 학생이 소리쳤다. "여기 붉은 장미가 있구나! 내 평생에 이보다 더 아름다운 장미는 본 적이 없어."

학생은 상체를 구부려 그 장미를 뽑았다. 그런 다음 그는 모자를 쓰고, 그 장미를 손에 들고 교수의 집으로 달려갔다. 교수의 딸은 실패에 파란색 비단 실을 감으며 문간에 앉아 있었다. 그녀의 작은 개는 그녀의 발치에 잠들어 있었다.

p.48 "만약 내가 당신에게 붉은 장미 한 송이를 가져다주면 당신은 나와 춤을 출 것이라고 약속했지요." 학생이 소리쳤다. "여기 이 넓디넓은 온 세상에서 가장 붉은 장미 한 송이가 있어요. 당신은 오늘 밤 당신의 가슴 옆에 그 꽃을 꽂을 수 있어요. 그리고 우리가 함께 춤을 출 때, 그 꽃이 내가 얼마나 당신을 사랑하는지 말해줄 거예요."

그러나 여자는 눈살을 찌푸렸다.

"그 꽃은 내 드레스와는 어울리지 않을 것 같네요." 그녀가 대답했다. "게다가 수상님의 자제분이 이미 저에게 진짜 보석들을 좀 보내오셨고, 보석들이 꽃보다 훨씬 더 값어치가 있다는 것을 모두가 알지요."

"음, 당신은 고마워할 줄을 잘 모르는군요. 그렇지 않은가요?" 학생은 화를 내며 말했다. 그런 다음 그는 장미를 거리에 던져 버렸고, 그곳에서 장미는 도랑으로 빠졌으며, 수레바퀴가 그 위로 지나갔다.

"고마워할 줄 모른다고요?" 아가씨가 말했다. "당신은 자신을 누구라고 생각하는 거죠? 내가 뭐 하나 말해줄까요? 당신은 무척 무례해요. 그리고 말이죠, 당신이 뭐라도 되는 줄 알아요? p.49 당신은 단지 학생일 뿐이에요. 당신은 수상님의 자제분이 가지고 있는 것처럼 당신의 구두에 달은 색 버클도 가지고 있지 않을 거예요." 그 말과 함께, 그녀는 의자에서 일어나서 쿵쾅거리며 집 안으로 들어갔다.

"사랑이란 참으로 어리석고 쓸모없는 것이로구나." 학생이 걸어가며 말했다. "사랑은 논리학의 절반만큼도 유용하지 않아. 아무것도 증명할 수 없으니까 말이야. 사랑은 언제나 일어나지 않을 것에 대해서만 말하고, 사실이 아닌 것을 믿게 만들지. 실제로 사랑은 아주 비실용적이야. 나는 철학으로 돌아가서 형이상학을 공부해야겠어."

그래서 학생은 자신의 공부로 돌아가 엄청난 먼지투성이의 책을 뽑아 들고 읽기 시작했다.

이기적인 거인

p.50 매일 오후 방과 후에 아이들은 거인의 정원으로 가서 놀곤 했다.

그것은 부드러운 푸른 잔디가 있는 커다란 아름다운 정원이었다. 아름다운 꽃들이 하늘에 있는 별들처럼 정원 전체에 흩어져 있었다. 또한 봄철에 분홍색과 진주색의 고운 꽃들을 피우는 열두 그루의 복숭아나무가 있었다. p.51 가을에는 복숭아나무에서 영양가 많고 맛있는 열매가 맺혔다. 새들이 나무에 앉아 아주 감미롭게 노래를 불러서 아이들은 그저 그 새들의 노랫소리에 귀를 기울이려고 놀이를 멈추곤 했다.

그런데 어느 날, 거인이 돌아왔다. 거인은 콘월 지방의 도깨비 친구를 방문하러 갔다 왔고, 그와 함께 7년을 살았다. 자기 성에 돌아왔을 때, 거인은 정원에서 놀고 있는 아이들을 보았다.

"너희들 모두 여기서 무엇을 하고 있는 거야?" 거인이 몹시 걸걸한 목소리로 소리쳤고, 아이들은 도망쳤다.

"이것은 나의 정원이야." 거인이 말했다. "나 외에는 그 안에서 아무도 놀도록 허용되지 않을 거야." 그래서 거인은 정원 둘레에 높은 담을 세우고 게시판을 세웠다.

p.52 이곳 나의 정원에
들어와서 노는 것은
누구에게든 금지된다.
거인은 매우 이기적이었다.

가엾은 아이들은 이제 놀 곳이 아무 데도 없었다. 아이들은 도로에서 놀려고 했으나, 거리는 매우 먼지가 많고 돌들이 가득해서, 그들은 도로를 좋아하지 않았다. 아이들은 수업이 끝나면 높은 담 주변을 돌아다니면서 안에 있는 아름다운 정원에 대해 이야기했다.

"우리는 그 안에서 아주 행복했어." 아이들이 서로에게 말했다.

그런 다음 봄이 왔고, 그 지역은 작은 꽃들과 작은 새들로 뒤덮였다. 그러나 이기적인 거인의 정원 안에서는 여전히 겨울이었다. 아이들이 없었기 때문에 새들은 그 정원 안에서 노래하려고 애쓰지 않았고, 나무들은 꽃을 피우는 것을 잊었다. 한 번은 아름다운 꽃이 풀밭에서 머리를 내밀었으나, 게시판을 읽고 다시 땅 속으로 슬며시 들어가 잠을 자기 시작했다.

p.53 눈과 서리만이 오직 행복한 존재들이었다.

"봄이 이 정원을 잊은 거야." 그들은 소리쳤다. "이제 우리는 이곳에서 일 년 내내 살 수 있어."

눈은 자신의 커다란 흰 망토로 풀밭을 뒤덮었다. 서리는 모든 나무와 꽃들을 은색으로 칠했다. 그런 다음 그들은 자기들과 머물자며 북풍을 초대했고, 북풍은 즉시 왔다. 북풍은 모피로 몸을 감싸고 있었고, 정원 주변에서 온종일 비명을 질렀으며, 굴뚝 꼭대기의 통풍관을 불어 넘어뜨렸다.

"이곳은 유쾌한 장소로군." 북풍이 말했다. "우리는 싸락눈에게 방문하러 오라고 해야 해." p.54 그래서 싸락눈이 왔다. 싸락눈은 매일 세 시간 동안 성의 지붕에서 덜거덕 덜거덕 소리를 내었다. 싸락눈은 대부분의 슬레이트를 깨뜨린 다음 가능한 한 빠르게 정원 주변을 계속해서 빙글빙글 달려 다녔다. 싸락눈은 회색으로 옷을 차려입었고 그의 숨은 얼음처럼 차가웠다.

"왜 봄이 오지 않고 있는지 이해할 수 없군." 이기적인 거인이 말했다. "곧 날씨에 변화가 생기면 좋겠는데."

그러나 봄은 결코 오지 않았고, 여름도 오지 않았다. 가을은 모든 정원에 황금빛 열매를 주었으나, 거인의 정원에는 아무것도 주지 않았다.

"거인은 이기적이라서 나는 그에게 아무것도 주지 않을 거야." 가을이 말했다. 그래서 이기적인 거인의 정원 안은 언제나 겨울이었고, 북풍과 싸락눈, 서리, 눈이 나무들 사이에서 춤추며 돌아다녔다.

p.55 어느 날 아침 아름다운 음악 소리를 들었을 때, 거인은 잠에서 깬 채로 침대에 누워 있었다. 그것은 거인의 귀에 너무나 아름답게 들려서 거인은 왕의 연주자들이 지나가고 있는 것이 분명하다고 생각했다. 사실 그것은 거인의 창밖에서 노래하고 있는 작은 홍방울새였다. 그러나 자신의 정원에서 새가 노래하는 것을 들은 지가 너무 오래되어 거인에게 있어 그것은 세상에서 가장 아름다운 음악인 것 같았다. 그때 싸락눈이 거인의 머리 위에서 춤추는 것을 멈췄고, 북풍은 으르렁거리기를 멈추었으며, 맛있는 향기가 열린 창문을 통해 거인에게 다가왔다.

"마침내 봄이 온 것 같구나." 거인이 중얼거렸다. 거인은 침대에서 벌떡 일어나 밖을 내다보았다.

그때 거인은 무엇인가 놀라운 것을 보았다. 아이들이 담에 난 작은 구멍을 통해서 안으로 기어들어 왔고, 지금은 나뭇가지들 위에 앉아 있었다. p.56 모든 가지마다 어린 아이가 한 명씩 있었다. 그리고 나무들은 아이들을 다시 돌려받게 된 것이 너무나 기뻐서 초록색 잎들과 향긋한 꽃들로 스스로를 뒤덮고 있었다. 그 나무들 중 일부는 심지어 아이들의 머리 위로 자기 가지들을 살살 흔들고 있었다.

새들이 여기저기 날아다니고 감미롭게 지저귀고 있었으며, 꽃들은 초록색 잔디 사이로 고개를 들고 웃고 있었다. 그것은 유쾌한 광경이었으나, 한쪽 구석은 여전히 겨울이었다. 그것은 정원의 가장 먼 구석이었으며, 어린 소년 한 명이 그 안에 서 있었다. 그 소년은 너무 작아서 나뭇가지 위로 키가 닿지 않았으므로 서럽게 엉엉 울며 그곳에 서 있었다. 그 가엾은 나무는 여전히 서리와 눈으로 덮여 있었고, 북풍은 그 위에서 불며 으르렁거리고 있었다.

"올라와!" 나무가 말했다. "어서, 꼬마야! p.57 너는 할 수 있어!" 그리고 나무는 자기 가지들을 최대한 낮게 구부렸다. 그러나 소년은 너무 작았다.

밖을 내다보는 동안 거인의 마음은 아팠다.

'나는 참으로 이기적이었어!' 거인이 생각했다. '이제 봄이 왜 이곳에 오기를 거부했는지 알겠어. 저 가엾은 어린 소년을 나무 꼭대기 위에 올려줘야겠어. 그런 다음 벽을 허물 것이고, 내 정원은 영원히 그리고 언제까지나 아이들의 놀이터가 될 거야.' 거인은 자신이 아이들과 자기 정원에 했던 일에 대해 정말로 매우 미안한 마음이 들었다.

그래서 거인은 아래층으로 슬금슬금 내려가 현관문을 조용히 열고 정원 밖으로 나갔다. 그러나 거인을 보았을 때, 아이들은 몹시 겁에 질려 모두 도망쳐 버렸다.

p.58 순식간에 정원은 다시 겨울이 되었다. 오로지 구석에 있던 어린 소년만이 도망치지 않았는데, 소년의 눈에 눈물이 가득해서 거인이 오는 것을 보지 못했기 때문이었다. 거인은 소년의 뒤로 걸어가서 소년을 손으로 살며시 잡아 그를 나무 위로 올려주었다. 그러자 나무는 즉시 꽃을 피웠고 새들이 와서 그 주위에서 노래했다.

어린 소년은 자신의 두 팔을 쭉 뻗어 거인의 목에 두르고 그에게 입을 맞추었다. 다른 아이들은 거인이 친절한 것을 보고서 도로 달려 왔다. 그리고 그들과 함께 봄이 왔다!

"이 정원은 이제 너희들의 거야, 꼬마들아." 거인이 말했다. 그런 다음 거인은 커다란 도끼를 들고 벽을 허물었다. 그리고 사람들은 12시에 시장에 가다가 여태껏 본 중에서 가장 아름다운 정원에서 아이들과 함께 놀고 있는 거인을 보았다.

p.59 하루 종일 아이들은 즐겁게 놀았고, 저녁에는 거인에게 잘 자라고 인사를 하러 왔다.

"그런데 너희들의 꼬마 친구는 어디에 있니?" 거인이 물었다. "내가 나무 위에 올려 주었던 그 아이는 어디에 있니?" 소년이 자신에게 입을 맞추어 주었기 때문에 거인은 그 소년이 가장 좋았다.

"우리는 몰라요." 아이들이 대답했다. "그 애는 가 버렸어요."

"너희가 그 아이에게 내일 여기로 돌아오라고 말해줘야겠다." 거인이 말했다. 그러나 아이들은 그 소년이 어디에 사는지 알지 못하고, 그를 전에 본 적이 없다고 말했다. 거인은 매우 슬펐다.

매일 오후, 학교가 끝나면 아이들이 와서 거인과 함께 그의 정원에서 놀았다. 그러나 거인이 가장 사랑하는 그 어린 소년은 다시는 보이지 않았다. p.60 거인은 아이들 모두에게 매우 친절했으나, 자신의 첫 번째 어린 친구를 애타게 기다렸다. 거인은 종종 "그 애를 다시 본다면 얼마나 좋을까!"라고 말하며 그 소년에 대해 이야기했다.

세월이 지나 거인은 몹시 늙고 허약해졌다. 거인은 더 이상 자기 정원에서 놀 수가 없었다. 그래서 거인은 커다란 안락의자에 앉아 자신의 아름다운 정원에 감탄하며 아이들이 노는 것을 지켜보았다.

"나에게는 아름다운 꽃들이 많아." 거인이 말했다. "그러나 이 아이들이 모든 꽃들 중에서도 가장 아름다운 꽃들이야."

어느 겨울날 아침, 거인은 아침 식사 후에 창문 밖을 내다보았다. 거인은 더 이상 겨울을 싫어하지 않았는데, 단지 봄이 잠들어 있고, 꽃들은 쉬고 있을 뿐이라는 것을 알고 있었기 때문이었다.

갑자기 거인은 놀라서 자기 눈을 비볐다. 거인은 보고 또 보았다. 정원의 가장 먼 구석에는 아름다운 흰 꽃들로 뒤덮여 있는 나무가 한 그루였었다. p.61 그 나무의 가지들에는 금색 은색 과일들이 온통 매달려 있었다. 그리고 그 아래에는 거인이 가장 사랑했던 그 어린 소년이 서 있었다!

거인은 대단히 기뻐서 아래층으로 달려가 정원 밖으로 나갔다. 거인은 풀밭을 급히 가로질러 그 아이에게 가까이 갔다. 그리고 거인이 가까이 갔을 때, 그의 얼굴은 분노로 붉어졌다.

"누가 너를 다치게 했지?"

아이의 손바닥에는 두 개의 못 자국이 있었고, 그 두 개의 못 자국은 그의 작은 발에도 있었다.

"누가 너를 다치게 했지?" 거인이 다시 소리쳤다. "내 검으로 그를 죽일 수 있도록 나에게 말해 봐."

"안 돼요!" 아이가 대답했다. "이것들은 사랑의 상처예요."

p.62 "너는 누구니?" 거인이 물었다. 그때 거인은 무엇인가를 깨닫고 그 어린아이 앞에 무릎을 꿇었다.

그 아이는 거인에게 따뜻하게 미소 짓고 "당신은 일전에 나를 당신의 정원에서 놀게 해 주었지요. 오늘 당신은 나의 정원, 즉 천국으로 나와 함께 가게 될 거예요."

아이들이 그날 오후 정원 안으로 달려 들어왔을 때, 그들은 거인이 흰 꽃들로 온통 뒤덮인 채 나무 아래에 죽어 누워 있는 것을 발견했다.

헌신적인 친구

p.63 어느 날 아침, 늙은 물쥐가 자신의 구멍 밖으로 머리를 내밀었다. 물쥐는 눈이 밝고, 뻣뻣한 회색 수염들이 나 있었으며 그의 꼬리는 길고 검은 고무 조각 같았다. 수많은 노란 카나리아들처럼 생긴 작은 새끼 오리들이 연못에서 헤엄치고 있었다. p.64 새빨간 다리가 달린 순백색의 엄마 오리는 새끼들에게 물속에서 물구나무를 서는 방법을 가르쳐 주고 있었다.

"물구나무 서는 방법을 배우지 않으면 너희는 절대 가장 좋은 무리에 속할 수 없어." 엄마 오리가 새끼 오리들에게 말했다. 그러나 새끼 오리들은 엄마 오리의 말에 주의를 기울이지 않았다. 그들은 너무 어려서 무리에 속하는 것이 얼마나 중요한지를 전혀 알지 못했다.

"참으로 말 안 듣는 아이들이군!" 늙은 물쥐가 소리쳤다. "저런 아이들은 물에 빠져 죽어도 싸다니까."

"그럴 필요는 없어요." 엄마 오리가 대답했다. "누구에게나 시작이 있는 법이니까 부모들이 인내심을 가져야 해요."

"아! 나는 부모의 감정에 대해서는 아무것도 몰라." 물쥐가 말했다. "나는 가장이 아니거든. 나는 결혼한 적이 없고, 절대로 하지도 않을 거야. 사랑이 모두 좋기는 하지만, 우정은 훨씬 더 좋지. p.65 헌신적인 우정보다 더 고결하고 더 귀한 것은 세상에 아무것도 없어."

"그러면 말해 보세요. 헌신적인 친구의 본분에 관한 당신의 생각이 무엇이지요?" 가까이에 있는 버드나무에 앉아 있던 초록 홍방울새가 물었다.

"그래요. 그것이 바로 내가 알고 싶은 것이에요." 엄마 오리가 말했다. 그런 다음 엄마 오리는 연못 가장자리 쪽으로 헤엄쳐 갔고, 자기 아이들에게 좋은 본보기를 보여주기 위해서 물구나무를 섰다.

"참으로 어리석은 질문이군!" 물쥐가 소리쳤다. "물론 나는 나의 헌신적인 친구가 나에게 헌신적일 것을 기대하지."

"그러면 답례로 당신은 무엇을 할 것인데요?" 작은 새가 자신의 작은 날개를 퍼드덕거리며 물었다.

p.66 "무슨 말인지 이해가 안되는군." 물쥐가 대답했다.

"그 주제에 관해 이야기를 하나 들려 드리지요." 홍방울새가 말했다.

"이 이야기가 나와 관련된 거야?" 물쥐가 물었다.

"그것은 당신에게 해당되지요." 홍방울새가 대답했다. 홍방울새는 날아 내려와 둑에 자리를 잡고서는 '헌신적인 친구'에 관한 이야기를 들려주었다.

"옛날에 한스라는 이름의 정직하고 몸집이 작은 남자가 있었어요." 홍방울새가 말을 시작했다. "그는 친절한 마음씨를 갖고 있고 얼굴은 둥글고 우습게 생겼어요. 그는 작은 오두막에서 혼자서 살았어요. 그는 매일 자기 정원에서 일을 했지요. 그의 정원은 그가 사는 시골을 통틀어 가장 아름다운 정원이었어요. 그곳에는 담홍색 장미, 노란 장미, 엷은 자색 크로커스, 그리고 금색이 도는 자주색 제비꽃들이 있었지요.

p.67 한스에게는 많은 친구들이 있었지만, 그 모든 이들 중 가장 헌신적인 친구는 방앗간 주인인 덩치 큰 휴였어요. 부유한 방앗간 주인은 한스에게 무척 헌신적이어서 담 너머를 기웃거리지 않고 한스의 정원을 지나가는 법이 한 번도 없었어요.

'진정한 친구는 모든 것을 공동으로 소유하지.'라고 방앗간 주인은 말하곤 했어요. 한스는 고개를 끄덕이고 미소를 짓곤 했고 그처럼 숭고한 생각을 가진 친구를 둔 것을 몹시 자랑스러워했지요.

때때로 이웃들은 부유한 방앗간 주인이 결코 한스에게 답례로 아무것도 주지 않는 것을 이상하게 생각했어요. 그러나 한스는 이러한 것들로 골치 아파하지 않았죠. 그에게 방앗간 주인이 말하곤 하는 진정한 우정의 이타심에 관한 모든 근사한 것들에 귀를 기울이는 것처럼 즐거움을 주는 것은 아무것도 없었어요.

p.68 봄, 여름, 가을 동안에 한스는 매우 행복했어요. 그러나 겨울이 찾아오자 한스는 시장으로 가져갈 과일이나 꽃이 없었어요. 그래서 추위와 허기로 상당히 고생했고, 종종 몇 개의 말린 과일이나 약간의 딱딱한 견과 외에는 아무것도 먹지 못한 채 잠자리에 들어야 했어요. 한스는 또한 겨울 동안에 몹시 외로웠어요. 그때는 방앗간 주인이 한 번도 자신을 보러 오지 않기 때문이었죠.

'겨울 동안에는 내가 한스를 보러 갈 필요가 없어.' 방앗간 주인은 자기 아내에게 말하곤 했어요. '사람들이 곤란한 처지에 있을 때에는 혼자 내버려 두어야 해. 방문하는 사람들에게 괴롭힘을 당하지 않게 말이지. 그것이 우정에 관한 나의 생각이고, 나는 내가 옳다고 확신해. 그러니까 나는 봄이 올 때까지 기다릴 거야. 그런 다음 그를 방문할 거야. 그러면 그가 커다란 앵초 바구니를 나에게 줄 것이고 그것은 그를 매우 행복하게 해 줄 거야.'

p.69 '당신은 다른 사람들에 대해 정말 생각이 깊어요.' 방앗간 주인의 아내가 불가에 있는 자신의 편안한 안락의자에 앉으면서 대답했어요.

'하지만 한스 아저씨를 여기로 초대할 수는 없나요?' 방앗간 주인의 막내아들이 말했어요. '만약 가엾은 한스 아저씨가 곤란한 처지에 있다면, 저는 제 포리지의 절반을 드릴 수 있어요.'

'너는 참으로 어리석은 아이로구나!' 방앗간 주인이 소리쳤어요. '내가 왜 너를 학교에 보내고 있는지 정말 모르겠다. 너는 아무것도 배우지 못한 것 같구나. 만약 한스가 여기로 와서 우리의 따뜻한 불과 우리의 근사한 저녁 식사를 보면, 그는 질투가 날 거야. 그리고 질투는 가장 끔찍한 것이고, 누구든 망쳐 놓을 거야. 나는 한스의 인격이 망가지게 두지는 않을 거야. 나는 그의 가장 좋은 친구이며, 언제나 그를 돌봐줄 거야. p.70 게다가 만약 한스가 여기로 오면, 그는 내가 약간의 밀가루를 그에게 빌려주도록 부탁할지도 몰라. 나는 그럴 수 없어. 밀가루와 우정은 별개이고, 그것들이 섞여서는 안 돼.'

'당신이 아주 옳아요!' 방앗간 주인의 아내가 커다란 잔에 따뜻한 에일을 직접 부으며 말했어요.

'많은 사람들이 행동은 잘해.' 방앗간 주인이 말했어요. '그러나 말을 잘하는 사람은 아주 극소수야. 그것은 다만 말하는 것이 하기에 훨씬 더 어려운 것이고, 더 좋은 것이기도 하다는 것을 보여주는 거야.'

그런 다음 방앗간 주인은 식탁 건너편의 막내아들을 엄하게 쳐다보았어요. 막내아들은 자신이 매우 부끄러워서 고개를 숙이고 울면서 차를 마시기 시작했어요."

"그것이 이야기의 끝이니?" 물쥐가 물었다.

"아니요." 홍방울새가 말했다. "그것은 단지 시작일 뿐이에요. 겨울이 끝나자마자 방앗간 주인은 아내에게 한스를 만나러 내려가 보아야겠다고 말했어요."

p.71 '당신은 참으로 선량한 마음씨를 가지고 계세요!' 그의 아내가 큰 소리로 말했어요. '당신은 언제나 다른 사람들을 생각해 주고 계시는군요. 꽃을 담을 큰 바구니를 가지고 가야 한다는 것을 기억하세요.'

그래서 방앗간 주인은 바구니를 팔에 끼고 언덕을 내려갔어요.

'안녕, 한스.' 방앗간 주인이 말했어요.

'안녕.' 한스가 자기 삽을 내려놓고 입이 귀에 걸리도록 미소 지으며 말했어요.

'겨울 내내 어떻게 지냈나?' 방앗간 주인이 물었어요.

'그런 것을 물어봐 주다니 자네는 아주 친절하군.' 한스가 말했어요. '나는 정말로 어려운 시간을 보낸 것 같네. 하지만 이제 봄이 왔고, 나는 무척 행복하다네. 내 꽃들이 모두 잘 자라고 있거든.'

p.72 '우리는 겨울 동안 자네 이야기를 매일 했다네, 한스.' 방앗간 주인이 말했어요. '우리는 모두 자네가 어떻게 지내고 있는지 궁금해 했지.'

'자네는 참 친절하군.' 한스가 말했어요. '자네가 나를 잊었을지도 모른다고 걱정했는데.'

'한스, 어떻게 그렇게 생각할 수 있지?' 방앗간 주인이 말했어요. '친구라면 결코 서로를 잊는 법이 없네. 그것이 우정과 관련한 근사한 것이지. 하지만 자네는 인생이라는 시를 아직 완전히 이해하지 못한 것 같군. 그나저나 자네의 앵초들은 아름다워 보이는군!'

'그렇다네, 정말 그렇지 않은가?' 한스가 말했어요. '나한테 저렇게 많은 앵초들이 있다는 것은 행운이지. 나는 저 꽃들을 시장에 가지고 가서 시장님의 따님께 팔 것이라네. 그러면 나는 그 돈으로 내 외바퀴 손수레를 도로 살 수 있을 거야.'

'자네의 외바퀴 손수레를 도로 산다고?' 방앗간 주인이 소리쳤어요. '그것을 팔았다는 말인가? 그것 참 하기에 어리석은 짓이었군!'

p.73 '하지만 그래야 했어.' 한스가 말했어요. '알다시피, 겨울은 나에게는 아주 안 좋은 시기라네. 나는 음식을 살 돈이 하나도 없었지. 그래서 우선 내 나들이용 외투의 은단추를 팔았어. 그런 다음에는 은 목걸이를 팔았지. 그 다음에는 큰 담뱃대를 팔았어. 그 다음에는 마지막으로 내 외바퀴 손수레를 팔았네. 하지만 이제 다시 그것들을 도로 살 수 있어.'

'한스, 기다리게.' 방앗간 주인이 말했어요. '내가 자네에게 나의 외바퀴 손수레를 주지. 그것이 상태가 매우 좋은 것은 아니라네. 사실, 한 면이 사라졌고 바퀴살에도 무언가 문제가 있지. 하지만 그래도 나는 그것을 자네에게 주겠네. 내가 매우 관대하다는 것을 자네는 잘 알잖나. 그리고 사람들은 그것을 나누어주는 것에 대해 나를 어리석다고 말하겠지. 그러나 나는 다른 모든 사람들과 같지 않다네. 나는 관대함이 우정의 본질임을 믿어. 게다가 최근에 나는 내가 쓸 새 외바퀴 손수레를 샀다네.'

p.74 '자네는 정말로 관대하군.' 한스가 말했어요. 한스의 우스꽝스러

운 둥근 얼굴은 기쁨과 고마움으로 환하게 밝아졌지요. '나는 그것을 쉽게 수리할 수 있어. 집에 나무 널빤지가 있으니까 말이야.'

'나무 널빤지라고?' 방앗간 주인이 말했어요. '그것이 바로 내 헛간 지붕에 필요한 거라네. 지붕에 아주 커다란 구멍이 있어서, 내가 그것을 수리하지 않으면 곡물이 축축해질 것이거든. 나는 참 운이 좋아! 한 번의 선행이 언제나 다른 선행을 낳는다는 것은 정말 놀라워. 내가 자네에게 외바퀴 손수레를 주었으니, 이제 자네는 나에게 자네의 널빤지를 주면 돼. 물론 외바퀴 손수레가 널빤지보다 훨씬 더 값어치가 나가지만 말이야. 하지만 진정한 친구는 그런 것에 관해서는 신경 쓰지 않지. 나에게 지금 널빤지를 줄 수 있지? 나는 돌아가서 당장 내 헛간 고치는 일을 시작하고 싶어.'

'물론이지.' 한스가 말했어요. 한스는 헛간으로 뛰어 들어가 널빤지를 끌고 나왔죠.

p.75 '아주 크지는 않군.' 그것을 바라보며 방앗간 주인이 말했어요. '내가 헛간 지붕을 고친 다음에는 자네의 외바퀴 손수레를 위해서 쓸 널빤지가 하나도 남지 않을까 봐 걱정이네. 하지만 분명히 그것은 내 잘못이 아니야. 그리고 이제 내 외바퀴 손수레를 줄 테니 자네는 아마도 답례로 나에게 약간의 꽃을 주고 싶을 거야. 여기 바구니가 있네. 맨 위까지 가득 채워 주면 돼.'

'맨 위까지?' 한스가 다소 슬퍼하며 말했어요. 그것은 정말로 커다란 바구니였지요. 만약 그 바구니를 채우면 시장에 가져갈 꽃들이 하나도 남지 않을 것임을 한스는 알았어요.

'하지만 나는 자네에게 외바퀴 손수레를 주었잖은가.' 방앗간 주인이 대답했어요. '자네에게 약간의 꽃을 부탁하는 것이 무리라고 생각하지는 않네. p.76 우정이란, 진정한 우정이란 어떠한 종류의 이기심도 없는 것이라고 나는 생각했다네.'

'친구야, 내 가장 좋은 친구야,' 한스가 말했어요. '자네는 내 정원에 있는 모든 꽃들을 가져가도 좋아. 내 은단추보다는 자네의 좋은 의견을 듣는 것이 훨씬 더 낫고말고.' 그런 다음 한스는 달려가서 자신의 모든 아름다운 앵초들을 뽑아서 방앗간 주인의 바구니를 채워답니다.

'잘 있어, 한스.' 방앗간 주인이 말했어요. 방앗간 주인은 어깨에 널빤지를 지고 손에는 커다란 바구니를 들고 행복하게 언덕을 올라갔지요.

'잘 가.' 한스가 말했어요. 한스는 아주 행복하게 일을 하기 시작했어요.

한스는 외바퀴 손수레에 대해 꽤 기뻐했지요.

다음날 아침, 한스는 길에서 자신을 부르는 누군가의 목소리를 들었어요. 한스는 자신의 사다리에서 뛰어 내려와 정원으로 달려가 담 너머를 쳐다보았지요. p.77 그것은 등에 커다란 밀가루 한 포대를 지고 있는 방앗간 주인이었어요.

'좋은 아침이야, 한스.' 방앗간 주인이 말했어요. '나를 위해 이 밀가루 포대를 시장으로 옮겨주지 않겠나?'

'오, 정말 미안하네.' 한스가 말했어요. '하지만 내가 오늘은 정말로 아주 바빠. 나는 꽃들에게 전부 물을 주고 풀들을 전부 깎아야 하네.'

'부끄러운 일이군.' 방앗간 주인이 말했어요. '내가 나의 외바퀴 손수레를 자네에게 주려고 한다는 것을 고려하면, 자네가 나를 돕기를 거절하는 것은 상당히 몰인정한 일일세.'

'오 그런 말 말게.' 한스가 말했어요. '절대로 자네에게 몰인정하게 굴려는 것이 아니라네.' 그런 다음 한스는 모자를 쓰러 안으로 달려 들어갔고, 커다란 포대를 자기 어깨에 짊어졌어요.

아주 무더운 날이었고, 길은 먼지투성이였어요. 머지않아 한스는 너무 지쳐서 앉아서 쉬어야 했어요. p.78 그러나 한스는 용감하게 계속 갔고, 마침내 시장에 도착했어요. 한스는 상당히 좋은 가격에 밀가루 한 포대를 판 다음 즉시 집으로 돌아왔어요. 한스는 만약 자신이 너무 자주 발걸음을 멈추면 가는 길에 강도들을 만날지도 모른다고 걱정했어요.

'힘든 하루였어.' 한스가 잠자리에 들며 혼잣말을 했어요. '하지만 방앗간 주인의 말을 거절하지 않아서 기뻐. 그는 나의 가장 좋은 친구니까. 게다가 그는 나에게 자신의 외바퀴 손수레를 주려고 하잖아.'

다음날 아침 일찍, 방앗간 주인이 자기 밀가루 값을 받으려고 찾아왔어요. 하지만 한스는 너무 피곤해서 여전히 침대에 있었지요.

'자네는 아주 게으르군.' 방앗간 주인이 말했어요. '내가 자네에게 나의 외바퀴 손수레를 주려고 한다는 것을 고려하여 나는 정말로 자네가 더 열심히 일할지도 모를 거라고 생각했네. 게으름은 큰 죄악이네, 친구. 나는 내 친구들 중 누구도 게으르거나 나태하기를 바라지 않아. 내가 자네에게 아주 솔직히 말하는 것에 신경 쓰지 않기를 바라네. p.79 물론 내가 자네의 친구가 아니라면 그렇게 하는 꿈도 꾸지 않을 거야. 하지만 자기가 마음속에 두고 있는 것을 정확히 말하지 못한다면 우정이 무슨 소용인가? 누구든 매력적인 것을 말하고 다른 사람들을 기쁘게 해 주려고 할 수 있네. 하지만 진정한 친구는 언제나 불쾌한 것들을 말하고, 고통을 주는 것을 신경 쓰지 않는다네.'

'정말 미안하네.' 한스가 말했어요. '하지만 나는 몹시 피곤해서 잠시 침대에 누워 새들이 노래하는 것에 귀를 기울여야겠다고 생각했어.'

'그거 아주 잘 되었네.' 한스의 등을 찰싹 때리며 방앗간 주인이 말했어요. '하지만 이제 일어나서 준비하게. 나는 자네가 방앗간으로 올라와서 나를 위해 헛간 지붕을 수리해 주었으면 하네.'

p.80 가엾은 한스는 자신의 정원에 가서 일을 하기를 간절히 바랐어요. 그의 꽃들은 이틀 동안이나 물을 마시지 못했거든요. 그러나 한스는 방앗간 주인의 말을 거절하고 싶지 않았어요. 자신에게 아주 좋은 친구였으니까요.

'만약 내가 자네와 함께 가지 못한다고 하면 나를 몰인정하다고 생각하겠지?' 한스가 수줍고 소심한 목소리로 물었어요.

'내가 자네에게 무리하게 요구하고 있다고 생각하지는 않네.' 방앗간 주인이 말했어요. '그리고 기억하게. 나는 자네에게 나의 외바퀴 손수레를 주려고 한다는 것을 말이야. 하지만 물론 자네가 거절한다면 내가 직접 가서 그 일을 해도 괜찮네.'

'아니야, 기다리게!' 한스가 침대에서 벌떡 일어나며 소리쳤어요. 한스는 재빨리 옷을 갈아입고 헛간으로 갔답니다.

한스는 해가 질 때까지 하루 종일 일했어요. 그리고 해가 저물 때, 방앗간 주인이 한스가 어떻게 하고 있는지 보려고 왔어요.

'지붕에 난 구멍을 수리하는 것을 벌써 끝냈나, 한스?' 방앗간 주인이 명랑한 목소리로 물었어요.

p.81 '이제 막 끝났어.' 한스가 사다리를 내려오며 대답했어요.

'잘됐군!' 방앗간 주인이 말했어요. '다른 사람을 위해 무엇인가를 해 주는 것보다 더 기분 좋은 것은 없지.'

'자네가 말하는 것을 듣는 것은 대단한 특권이야.' 한스가 대답했어요. 한스는 앉아서 자기 이마를 훔쳤어요. '하지만 자네가 가진 것처럼 아름답고 현명한 생각들을 듣지 못하게 될까 봐 걱정이네.'

'걱정 말게!' 방앗간 주인이 말했어요. '자네에게도 그런 생각들이 떠오를 거야. 하지만 자네는 더 열심히 노력해야 해. 지금 당장 자네는 우정에

대한 실천만 하면 되네. 언젠가 자네는 이론도 알게 될 거야.'

'정말로 내가 그럴 것이라고 생각하나?' 한스가 물었어요.

'나는 확신하네.' 방앗간 주인이 대답했어요. '아무튼 지붕 고치는 일을 끝냈으니까 자네는 집으로 가서 쉬는 것이 좋겠네. p.82 내일, 나는 자네가 내 양들을 몰고 산으로 가 주기를 원하네.'

가엾은 한스는 방앗간 주인의 말을 거절하는 것이 두려웠어요. 그래서 다음날 아침 일찍 방앗간 주인은 자기 양들을 데리고 오두막으로 왔고, 한스는 산으로 향했지요. 한스가 그곳에 갔다가 돌아오는 데에는 하루가 꼬박 걸렸어요. 돌아왔을 때, 한스는 너무 피곤해서 의자에 앉은 채 잠이 들었지요. 한스는 다음날 오후까지도 깨어나지 못했어요.

'내 정원에서 일하기에는 참으로 좋은 날이야.' 한스가 일을 하러 가며 말했어요.

하지만 한스는 방앗간 주인이 언제나 들러서 긴 심부름을 보냈기 때문에 자신의 꽃들을 전혀 돌볼 수가 없었어요. 자기 꽃들이 자기가 그들을 잊었다고 생각할까 봐 한스는 때때로 스트레스를 받았어요. 그러나 한스는 방앗간 주인이 자신의 가장 좋은 친구라고 스스로에게 말하며 자신을 위로했어요.

p.83 '게다가 그는 나에게 자신의 외바퀴 손수레를 주려고 하잖아.' 한스는 혼잣말을 하곤 했어요. '그리고 그것은 순수한 관대함의 행위지.'

그래서 한스는 매일 방앗간 주인을 위해 일하러 갔어요. 그리고 방앗간 주인은 우정에 관한 모든 종류의 근사한 것들을 말했고, 한스는 이를 공책에 받아 적어서 밤에 읽었죠.

어느 날 아침, 한스가 난롯가에 앉아 있을 때, 쾅쾅 문을 두드리는 소리가 났어요. 날씨가 아주 험악한 밤이었고, 처음에 한스는 그것이 단지 폭풍소리일 뿐이라고 생각했어요. 그러나 두 번째 두드리는 소리가 나고, 그런 다음에는 세 번째 소리가 났는데, 각각의 두드리는 소리는 먼젓번의 두드리는 소리보다 더 커졌어요.

'어떤 가엾은 여행자일 거야.' 한스가 혼잣말을 했어요. 한스는 문으로 달려가서 열었지요.

p.84 그것은 방앗간 주인이었어요. 그는 한 손에는 등불을 다른 손에는 커다란 지팡이를 들고 빗속에 서 있었어요.

'도와줘, 한스.' 방앗간 주인이 소리쳤어요. '나는 커다란 곤경에 처해 있어. 나의 어린 아들이 사다리에서 떨어져서 다쳤어. 나는 의사에게 가는 길이야. 하지만 의사는 너무 먼 곳에 살고 있고, 오늘밤 날씨는 아주 끔찍해. 만약 자네가 나를 위해 가서 의사를 데려온다면 훨씬 더 좋을 것이라는 생각이 방금 들었어. 나는 자네에게 외바퀴 손수레를 줄 거야. 그러니까 자네가 답례로 나에게 뭔가를 해 주어야만 공평해.'

'물론이지.' 한스가 말했어요. '내가 당장 출발하겠네. 하지만 자네는 나에게 자네의 등불을 빌려주어야 해. 밤은 너무 어둡고, 나는 내가 도랑에 빠질까 봐 두려워.'

'정말 미안해.' 방앗간 주인이 대답했어요. '하지만 이것은 나의 새 등불이고, 나는 그것이 못 쓰게 되는 것을 원하지 않아.'

p.85 '그럼 신경 쓰지 마.' 한스가 말했어요. 한스는 자신의 커다란 모피 외투를 입고 자신의 따뜻한 주홍색 모자를 쓰고, 목도리를 목에 두르고 떠났지요.

폭풍은 무시무시했어요! 밤은 너무 깜깜해서 한스는 거의 아무것도 볼 수 없었지요. 바람이 너무 강해서 그는 거의 서 있을 수도 없었어요. 하지만 한스는 아주 용감했고, 약 3시간 후에 의사의 집에 도착했어요. 한스는 문을 두드렸어요.

'거기 누구요?' 자기 침실 창문 밖으로 머리를 내밀고 의사가 물었어요.

'한스입니다, 의사 선생님.'

'이 늦은 시간에 원하는 일이 무엇인가, 한스?'

'방앗간 주인의 아들이 사다리에서 떨어져서 다쳤어요. p.86 방앗간 주인은 즉시 의사 선생님이 오시기를 원합니다.'

'알겠네!' 의사가 대답했어요. 의사는 커다란 장화와 등불을 가지고 아래층으로 내려갔어요. 의사는 자신의 말을 준비하라고 명하고 곧 방앗간 주인의 집 방향으로 말을 타고 출발했어요. 한편, 한스는 의사의 뒤를 따라 달려갔지요.

하지만 폭풍은 점점 더 심해졌어요. 비는 억수로 쏟아졌어요. 곧 한스는 자신이 어디로 가고 있는지 알 수 없었고, 말을 따라잡을 수 없었어요. 마침내 한스는 길을 잃고 습지를 헤맸어요. 습지는 깊은 구멍으로 가득했기 때문에 매우 위험한 장소였어요. 그리고 맙소사! 가엾은 한스는 물에 빠져 죽고 말았어요. 한스의 시체는 다음날 아침 커다란 웅덩이에 둥둥 뜬 채 발견되었고, 오두막으로 도로 실려 왔지요.

모두들 한스의 장례식에 갔어요. 한스는 매우 인기 있는 남자였어요. 방앗간 주인이 장례식의 상주였어요.

p.87 '나는 그의 가장 좋은 친구였어요.' 방앗간 주인이 말했어요. '그러니까 내가 제일 좋은 자리를 차지해야 하는 것이 공평해요.' 그런 다음 방앗간 주인은 긴 검은 망토를 입고 행렬의 선두에서 걸었으며, 때때로 커다란 손수건으로 자기 눈을 훔쳤어요.

'한스의 죽음은 모두에게 분명히 커다란 손실입니다.' 대장장이가 말했어요. 장례식은 끝났고, 그들은 모두 따뜻한 포도주를 마시고 달콤한 케이크를 먹으며 술집에 편안히 앉아 있었어요.

'적어도 나에게는 대단한 손해고 말고,' 방앗간 주인이 대꾸했어요. '나는 낡은 외바퀴 손수레를 가지고 있었지. 그것을 한스에게 주려고 했거든. 이제 그것을 가지고 무엇을 해야 할지 모르겠다네. 그것은 내 집에서 많은 공간을 차지하고 있고, 상태가 너무 안 좋아서 팔 수도 없지. p.88 오래 전에 그것을 그냥 버렸어야 했어. 나는 다시는 어느 것도 주려고 애쓰지 않을 거야. 사람이 너무 관대하면 항상 고통을 겪는다니까.'

"그래서?" 긴 침묵 끝에 물쥐가 물었다.

"자, 그것이 이야기의 끝이에요." 홍방울새가 말했다. "이야기의 교훈을 모르시겠어요?"

"뭐라고? 그 이야기에 교훈이 있어?"

"물론이죠." 홍방울새가 말했다.

"그렇다면 말이야, 너는 이야기를 시작하기 전에 정말로 그것을 나에게 말해 주었어야 했어." 물쥐가 화를 내며 말했다. "만약 네가 그렇게 했다면, 나는 네 말을 하나도 듣지 않았을 거야." 그 말과 함께 물쥐는 꼬리를 휘저으며 자신의 구멍으로 다시 들어가 버렸다.

도드라진 로켓 폭죽

p.89 왕자가 자신의 아내가 될 사람과 막 결혼을 하려는 참이어서 대대적인 축하가 있었다. 왕자는 자신의 신부를 일 년 내내 기다렸고, 드디어 그녀가 도착했다. 신부는 러시아 공주였다. p.90 공주는 여섯 마리의 순록이 이끄는 썰매를 타고 러시아에서 먼 길을 무릅쓰고 왔다. 썰매는 거대한 황금색 백조의 형상으로 만들어져 있었다. 어린 공주는 백조의 날개 사이

에 앉았다. 공주는 작은 은색 모자를 썼고, 자기가 늘 살아 왔던 눈의 궁전만큼이나 창백했다.

"그녀는 흰 장미 같아!" 공주가 거리를 통과하여 썰매를 타고 지나갈 때 사람들이 소리쳤다. 사람들은 공주를 좋아했으며, 발코니에서 그녀에게 꽃을 던졌다.

왕자는 성의 관문에서 공주를 기다렸다. 왕자의 눈은 꿈꾸는 듯한 보라색이었고, 그의 머리카락은 황금 같았다. 공주가 도착했을 때, 왕자는 한쪽 무릎을 꿇고 그녀의 손에 입을 맞추었다.

"당신의 사진은 아름다웠어요." 왕자가 말했다. "하지만 당신은 실물이 훨씬 더 아름답군요."

어린 공주는 얼굴을 붉혔다.

p.91 "공주님은 전에는 흰 장미 같으셨어." 어린 시동이 자기 친구에게 말했다. "하지만 이제 공주님은 붉은 장미 같으셔."

다음 사흘 동안, 도시에 있는 모든 사람들은 "흰 장미, 붉은 장미, 붉은 장미, 흰 장미."라고 말하며 돌아다녔다. 왕은 너무 기뻐서 시동의 봉급을 두 배로 올리라고 명령했다. 시동은 전혀 봉급을 받고 있지 않았기 때문에 이는 그에게 별로 소용이 없었다. 그러나 그것은 여전히 큰 명예로 간주되었고 궁중 관보에 발표되었다.

사흘이 다 지나갔을 때 결혼식이 거행되었다. 그것은 근사한 결혼식이었고, 신랑신부는 자줏빛 우단 천개 아래에서 손에 손을 잡고 걸었다. p.92 그런 다음 연회가 열렸고, 그것은 5시간 동안 계속되었다. 왕자와 공주는 대연회장의 상석에 앉았다. 그들은 맑은 크리스털 잔으로 함께 술을 마셨다. 오로지 진정한 연인들만이 이 잔으로 마실 수 있었는데, 만약 거짓의 입술이 그 잔을 건드리면 잔이 점점 회색으로 변하고 우중충해지고 흐려지기 때문이었다.

"두 분은 서로 사랑하시는 것이 분명하군요." 어린 시동이 말했다. "잔이 크리스털처럼 맑아요!" 왕은 또 한 번 기뻐했고, 시동의 봉급을 두 번째로 두 배로 올려 주었다.

"대단한 영광이로군!" 모든 신하들이 소리쳤다.

연회 다음에는 무도회가 있었다. 신랑신부는 춤을 추었고, 왕은 플루트를 연주했다. 왕은 매우 서투르게 연주했지만, 그가 왕이었기 때문에 감히 아무도 왕에게 그렇게 말하려고 하지 않았다. 그것은 별 상관이 없었는데,

왕이 무엇을 하든 모두가 "매력적입니다! 매력적입니다!"라고 소리쳤기 때문이었다.

p.93 밤은 정확히 자정에 시작된 성대한 불꽃놀이 행사와 함께 끝났다. 어린 공주는 일생 동안 불꽃놀이를 본 적이 없었으므로 왕이 특별한 불꽃놀이에 대한 주문을 했던 것이었다.

"불꽃놀이가 어떤 것이죠?" 공주는 어느 날 아침 왕자에게 물은 바 있었다.

"불꽃들은 북극광들 같단다." 다른 사람들에게 제기된 질문에 대답하기를 좋아하는 왕이 말했다. "하지만 불꽃들이 훨씬 더 자연스럽지. 개인적으로 나는 별들보다 불꽃들이 더 좋단다. 불꽃들은 언제 등장할지 선택할 수 있으니까. 불꽃놀이는 나의 플루트 연주만큼이나 즐겁지. 공주는 그것들을 보아야 한단다."

p.94 그래서 커다란 관람석이 왕의 정원 끝에 설치되었다. 그리고 왕실의 폭죽 제조자가 모든 것을 적당한 자리에 배치했고, 불꽃들은 자기들끼리 이야기를 하기 시작했다.

"세상은 매우 아름다워." 작은 폭죽이 소리쳤다. "저 노란 튤립들을 좀 봐. 나는 살면서 내가 여행을 한다는 것이 아주 기뻐. 여행은 정신을 계발하고 편견을 없애 주지."

"왕의 정원이 온 세상인 것은 아니야, 이 어리석은 폭죽아." 커다란 원통형 꽃불 폭죽이 말했다. "세상은 거대한 곳이야. 세상을 모두 보려면 사흘은 걸릴 거야."

"네가 사랑하는 어느 장소이든 너에게는 세상인 거야." 회전 불꽃 폭죽이 말했다. "하지만 사랑은 더 이상 인기가 없어. 시인들이 사랑을 죽였지. 시인들이 모두 사랑에 대해 너무 많이 쓰는 바람에 사람들이 사랑에 질려 버렸으니까. 나는 놀랍지도 않아. 진정한 사랑은 고통스럽고 조용해. p.95 나는 한때 사랑에 빠졌지만, 이제 그것은 중요하지 않아. 로맨스는 과거의 것이야."

"그것은 허튼소리야!" 원통형 꽃불 폭죽이 말했다. "로맨스는 결코 죽지 않아. 그것은 달과 같고 영원히 살지. 예를 들어, 왕자님과 공주님은 서로 몹시 사랑하고 계셔. 나는 오늘 아침에 갈색 포장의 화약통에게서 그들의 사랑에 관한 모든 것을 들었어. 화약통은 가장 최근의 궁중 소식들을 알고 있지."

"로맨스는 죽었어, 로맨스는 죽었어, 로맨스는 죽었어." 고개를 흔들며 회전 불꽃 폭죽이 말했다. 회전 불꽃 폭죽은 같은 말을 여러 번 반복하는 것이 종국에는 그것을 실현되게 만든다고 믿는 그런 부류들 중 하나였다.

p.96 그때 날카롭고 마른 헛기침 소리가 들렸다. 그들은 모두 주위를 둘러보았다.

그 소리는 키가 크고 거만해 보이는 로켓 폭죽으로부터 나왔다. 로켓 폭죽은 긴 막대기 끝에 묶여 있었다. 로켓 폭죽은 주의를 끌기 위해 무엇이든 말하기 전에는 언제나 헛기침을 했다.

"에헴! 에헴!" 로켓 폭죽이 말했다. 가엾은 회전 불꽃 폭죽 외에 모두가 귀를 기울였다. 회전 불꽃 폭죽은 여전히 "로맨스는 죽었어, 로맨스는 죽었어."라고 중얼거리며 고개를 흔들고 있었다.

"명령이요! 명령이요!" 작은 폭죽이 소리쳤다. 작은 폭죽은 일종의 정치가였으며, 언제나 지방 선거에서 큰 역할을 맡았다. 그것이 그가 사용할 적절한 의회의 표현들을 알고 있었던 경위이다.

"그것은 죽었어." 회전 불꽃 폭죽이 잠이 들기 전에 속삭였다.

일단 완전히 조용해지자 로켓 폭죽은 세 번 헛기침을 하고 말을 시작했다. 로켓 폭죽은 마치 자신의 회고록을 소리를 내어 읽는 듯이 몹시 천천히, 또렷한 목소리로 말했다. p.97 로켓 폭죽은 언제나 자신과 말하고 있는 사람의 어깨 너머를 보았다. 로켓 폭죽은 가장 분명한 태도를 가지고 있었다.

"왕의 아들은 매우 운이 좋아." 로켓 폭죽이 말했다. "내가 발사되기로 한 바로 그 날에 결혼할 거라니 왕자는 운이 좋지. 왕자들이란 언제나 운이 좋아."

"맙소사!" 폭죽이 소리쳤다. "나는 반대로 생각했어. 그러니까 우리가 왕자의 영광을 위해 발사되는 것이라고 말이야."

"네 경우에는 그럴지도 모르지." 로켓 폭죽이 대답했다. "하지만 내 경우에는 달라. 나는 도드라진 로켓 폭죽이야. 나는 도드라진 불꽃놀이 집안 출신이야. p.98 나의 어머니는 당대의 가장 유명한 회전 불꽃 폭죽이셨어. 어머니는 우아한 춤으로 사랑을 받으셨어. 위대한 공적인 모습을 드러내셨을 때, 어머니는 꺼지기 전에 열아홉 차례나 뱅글뱅글 도실 수 있었어. 회전하실 때마다 어머니는 공중으로 일곱 개의 분홍빛 별들을 던지셨지. 어머니는 지름이 3피트 반이셨고, 가장 좋은 화약을 사용하여 만들어지셨지.

내 아버지는 나와 같은 로켓 폭죽이셨고, 프랑스 출신이셨어. 아버지는 아주 높이 나셔서 사람들은 아버지가 다시는 내려오지 못하실 것이라고 생각했어. 그러나 아버지는 정말로 도로 내려오셨어. 친절한 성격이기 때문이셨지. 아버지는 황금색 비로 가장 뛰어난 하강을 하셨지. 심지어 신문들조차도 몹시 아첨하는 용어를 써서 아버지의 공연에 관해 적었어. 궁중 관보는 아버지를 불꽃놀이 예술의 승리라고 불렀어."

"불꽃놀이 예술이라고 했겠지." 벵골 불꽃 폭죽이 말했다. p.99 "그것이 불꽃놀이 예술이라는 것을 나는 알지. 나는 그것이 내 흡수통에 위에 적혀 있는 것을 보았거든."

"그래, 나는 불꽃놀이 예술이라고 말했어." 로켓 폭죽이 진지한 어조로 대답했다. 벵골 불꽃 폭죽은 완전히 박살이 난 것처럼 느껴져서 자기가 여전히 다소 중요한 인물이라는 것을 과시하려고 작은 폭죽들을 괴롭히기 시작했다.

"그러니까 내가 말하고 있었던 그대로였다는 거야. 그런데 내가 뭐라고 말하고 있었지?" 로켓 폭죽이 말했다.

"너는 네 자신에 대해 말하고 있었어." 원통형 꽃불 폭죽이 말했다.

"물론이야. 내가 그렇게 무례하게 말이 중도에서 끊겼을 당시 어떤 재미있는 주제를 이야기하고 있었다는 것이 기억났어. 나는 무례함과 나쁜 태도를 몹시 싫어해. p.100 너도 알다시피, 나는 극도로 민감해. 온 세상에서 나만큼 민감한 자는 없어. 나는 그것을 아주 확신해."

"'민감한 자'라는 것이 무슨 의미지?" 작은 폭죽이 원통형 꽃불 폭죽에게 물었다.

"가진 것이 많아서 항상 다른 이들을 화나게 하는 사람이야." 원통형 꽃불 폭죽이 작게 속삭이며 대답했다. 작은 폭죽은 하마터면 웃음을 터뜨릴 뻔했다.

"무엇을 보고 웃고 있는 거야?" 로켓 폭죽이 물었다. "나는 웃기는 이야기는 하나도 하지 않았는데."

"행복해서 웃는 거야." 작은 폭죽이 말했다.

"그것은 웃기에는 아주 이기적인 이유로군." 로켓 폭죽이 화를 내며 말했다. "누가 너에게 행복할 권리를 주었지? 너는 다른 이들에 대해 더 생각해야 해. 너는 나에 대해 생각하고 있어야 해. 나는 언제나 나에 대해 생각하고 있고, 그밖에 모든 이들도 똑같이 해야 해. p.101 우리는 그것을 연민이라고 부르지. 그것은 아름다운 미덕이고, 나는 그것을 많이 가지고 있어. 오늘 밤 나에게 무슨 일이 일어날지도 모른다면 어떨지 상상해 봐. 그것은 모두에게 몹시 불행한 일이야! 왕자와 공주는 다시는 행복해지지 않을 거야! 그들의 결혼은 망쳐질 거야. 왕으로 말하자면, 그가 영원히 그것을 극복하지 못할 것임을 나는 알아. 내 위치의 중요성에 관해 생각하면 나는 울컥해서 하마터면 눈물을 흘릴 뻔해."

"만약 네가 다른 이들에게 기쁨을 주고 싶다면, 너는 스스로를 마른 상태로 유지해야 해." 원통형 꽃불 폭죽이 말했다.

"그가 옳아." 이제 기분이 한결 나아진 벵골 불꽃 폭죽이 소리쳤다. "그 것은 상식이야."

p.102 "하지만 내가 아주 비범하다는 것을 너희들은 잊었군." 로켓 폭죽이 말했다. "나는 무척 도드라져. 상상력이 없는 한, 누구든 상식을 가질 수는 있어. 그러나 나에게는 상상력이 있어. 사실 나는 사물을 실제로 있는 그대로 생각하지 않아. 내 스스로를 마른 상태로 유지하는 것에 관해서는, 감정적인 개성의 진가를 알아볼 수 있는 사람이 여기에는 분명히 아무도 없어. 나로서는 다행스럽게도 나는 상관하지 않아. 일생을 통해 도움이 되는 유일한 것은 다른 모든 이들의 열등함에 대한 자각이야. 이는 내가 언제나 가지고 있는 느낌이야. 하지만 너는 나와 같지 않아. 네 모든 것을 봐. 마치 왕자와 공주가 방금 결혼하지 않은 것처럼 여기서 너는 웃고 즐거워하잖아."

"우리가 행복해 하면 왜 안 되지?" 작은 열기구가 말했다. "그것은 기쁜 행사이고, 내가 공중으로 날아오를 때에는 그 행사에 관한 모든 것을 별들에게 말해 줄 작정이야. 너희들은 내가 예쁜 신부에 대해 말해 줄 때 별들이 반짝이는 것을 보게 될 거야."

p.103 "아! 너는 평범한 인생관을 가졌군!" 로켓 폭죽이 말했다. "하지만 내가 너에게서 더 이상의 것을 기대할 수는 없지. 네 안에는 아무것도 없어. 너는 완전히 텅 비고 공허해. 상상해 봐. 어쩌면 왕자와 공주는 깊은 강이 있는 시골로 가서 살게 될지도 몰라. 어쩌면 그들은 왕자와 닮은 자주색 눈에다가 금발인 소년을 외아들로 갖게 될 거야. 어쩌면 어느 날 그 아이는 자기 유모와 함께 산책을 나갈 거야. 어쩌면 유모는 큰 나무 아래에서 잠이 들지도 몰라. 그런 다음 어쩌면 그 어린 소년은 깊은 강물에 빠져 익사할 거야. 참 끔찍한 불행이야! 가엾은 왕자! 외아들을 잃다니! 정말

로 무시무시해! p.104 나는 절대 그것을 극복하지 못할 거야."

"하지만 그들은 외아들을 잃지 않았어." 원통형 꽃불 폭죽이 말했다. "어떠한 끔찍한 일도 그들에게 전혀 일어나지 않았어."

"나는 그들이 그런 일을 겪었다고 말한 적 없어." 로켓 폭죽이 대답했다. "나는 단지 그럴 수도 있다고 말한 것뿐이야. 만약 그들이 정말로 외아들을 잃는다면 그 문제에 관해 무엇이든 더 말해 보았자 아무 소용없을 거야. 나는 엎질러진 우유를 놓고 우는 사람들을 경멸해. 하지만 그들이 외아들을 잃을지도 모른다고 생각하면 나는 무척 마음이 쓰여."

"너는 분명히 그렇기는 해!" 벵골 불꽃 폭죽이 소리쳤다. "사실 너는 내가 만나본 중에 가장 감정적으로 영향을 잘 받는 자야."

"그리고 너는 내가 만나본 중 가장 무례한 자야." 로켓 폭죽이 말했다. "너는 절대 왕자에 대한 나의 우정을 이해하지 못할 거야."

"하지만 너는 왕자를 알지도 못하잖아." 원통형 꽃불 폭죽이 말했다.

"내가 왕자를 안다고 말한 적은 없어." 로켓 폭죽이 말했다. p.105 "만약 내가 왕자를 안다고 해도, 내가 그의 친구가 되어서는 결코 안 되지. 누군가의 친구들을 안다는 것은 아주 위험한 일이지."

"너는 정말로 네 몸을 마른 상태로 유지해야 해." 열기구가 말했다. "그것이 너에게는 당장 중요한 일이야."

"나는 그것이 너에게 매우 중요하다는 것을 의심하지 않아." 로켓 폭죽이 대답했다. "하지만 나는 울고 싶으면 울 거야." 그런 다음 로켓 폭죽은 정말로 와락 울음을 터뜨렸고, 그 눈물은 빗방울처럼 그의 막대기로 흘러내려 하마터면 두 마리의 딱정벌레를 익사시킬 뻔했다.

"로켓 폭죽은 진정 낭만적인 마음을 가진 것이 분명하군." 회전 불꽃 폭죽이 말했다. "로켓 폭죽은 언제나 울 일이 아무것도 없을 때에 운단 말이야."

하지만 원통형 꽃불 폭죽과 벵골 불꽃 폭죽은 화가 났다. 그들은 계속해서 "사기야! 사기야!"라고 최대한 목청껏 소리 높여 말했다. p.106 그들은 매우 현실적인 자들이었고, 무언가에 자신들이 반대할 때마다 그것을 사기라고 불렀다.

그때 달이 뜨고 별들이 빛나기 시작했다. 아름다운 음악 소리가 궁전에서 나왔다.

왕자와 그의 신부는 무도회를 이끌고 있었다. 그들이 아주 아름답게 춤을 춰서 키가 큰 흰 백합들은 창문을 통해서 들여다보고 그들을 지켜보았다.

그때 시계가 10시를 쳤고, 그 다음에는 11시를, 그리고 그 다음에는 12시를 쳤다. 자정을 알리는 마지막 공이 소리에 모든 사람들은 테라스로 나왔고, 왕은 왕실의 폭죽 제조자를 부르러 사람을 보냈다.

"불꽃놀이를 시작하게 하라!" 왕이 말했다. 왕실의 폭죽 제조자는 깊이 절을 하고, 정원 끝으로 걸어갔다. 여섯 명의 시종들이 그와 함께 있었고, 그들 각자는 불이 붙어 있는 횃불을 들고 있었다.

불꽃놀이 공연은 정말로 성대했다.

p.107 윙! 윙! 회전 불꽃 폭죽이 솟아올라 빙글빙글 돌았다. 펑! 펑! 원통형 불붙 폭죽이 솟아올랐다. 그런 다음 폭죽들이 사방에서 춤을 추었고, 뱅골 불꽃 폭죽은 모든 것을 붉게 보이도록 만들었다.

"잘 가!" 열기구가 작은 푸른 불꽃들을 떨어뜨리고 하늘로 치솟아 떠나가면서 말했다.

"잘 가!" 즐거워하고 있던 작은 폭죽들이 대답했다.

도드라진 로켓 폭죽 외에는 모두 대성공이었다. 로켓 폭죽은 자신의 눈물로 너무 축축해져서 전혀 발사될 수가 없었다. 코웃음을 제외하고는 로켓 폭죽에게 절대 말을 걸지 않으려고 하는 그의 모든 친구들은 훌륭한 황금색 꽃들처럼 하늘로 발사되었다. p.108 이것은 어린 공주를 즐겁게 만들고 웃게 했다.

"그들은 아마도 어떤 근사한 행사를 위해 나를 남겨두고 있는 모양이야." 전보다 더 거만해 보이는 로켓 폭죽이 말했다.

다음날 인부들이 모든 것을 치우러 왔다. 로켓 폭죽은 하늘로 콧대를 세우고 있었으며, 마치 무엇인가 아주 중요한 주제에 대해 생각하고 있는 것처럼 심하게 눈살을 찌푸리기 시작했다. 그러나 인부들은 로켓 폭죽에 전혀 주목하지 않았다. 그때 그들 중 한 명이 로켓 폭죽을 발견했다.

"이봐!" 인부가 소리쳤다. "참 형편없는 로켓 폭죽이구나!" 그런 다음 인부는 담장 너머 도랑으로 로켓 폭죽을 던져 버렸다.

"형편없는 로켓 폭죽이라고? 형편없는 로켓 폭죽?" 로켓 폭죽은 공중을 가로질러 날며 말했다. "근사한 로켓 폭죽, 그것이 그 남자가 했어야 할 말이야. '형편없는'과 '근사한'은 아주 유사하게 들려." 그런 다음 로켓 폭죽은 진창에 떨어졌다.

"이곳은 아주 불편하군." 로켓 폭죽이 말했다. p.109 "의심의 여지 없이 이곳은 어느 유행하는 온천인 게야."

그때 작은 개구리 한 마리가 그에게 헤엄쳐 왔다.

"너는 새로 도착한 것이 분명하구나!" 개구리가 말했다. "아무튼 진흙 같은 것은 아무것도 없어. 약간의 비와 도랑만 내게 주어진다면, 나는 행복해. 오후에 비가 내릴 것이라고 생각하니? 나는 그러기를 바라지만, 하늘은 아주 푸르고 구름 한 점 없어 보이는군. 참 애석한 일이야!"

"에헴! 에헴!" 로켓 폭죽이 기침을 하기 시작했다.

"너는 참 멋있는 목소리를 가지고 있구나!" 개구리가 소리쳤다. "꼭 개굴개굴 우는 소리 같아. 개굴개굴 우는 소리는 물론 세상에서 가장 음악적인 소리야. 너는 오늘 저녁에 우리가 노래하는 것을 듣게 될 거야. 우리는 농부의 집 아주 가까이에 있는 늙은 오리의 연못에 앉아서 달이 떠오를 때 노래를 시작하지. p.110 그것은 아주 아름다워서 모두들 우리 노랫소리를 들으려고 깨어 있단다. 어제 나는 농부의 아내가 우리 때문에 밤에 한숨도 자지 못했다고 말하는 것을 들었어. 아주 인기 있다는 것은 아주 멋져."

"에헴! 에헴!" 로켓 폭죽이 화를 내며 말했다. 자기가 대화에 끼어들 수 없었기 때문에 로켓 폭죽은 짜증이 났다.

"유쾌한 목소리야, 유쾌한 목소리야." 개구리가 계속해서 말했다. "나는 네가 오늘 밤에 오리의 연못에 들르기를 바라. 이제 나는 가서 내 딸들을 찾아봐야 해. 나에게는 여섯 명의 아름다운 딸들이 있어. 그럼 잘 있어. 대화가 정말 즐거웠어."

"대화라고?" 로켓 폭죽이 말했다. "네가 내내 말했잖아. 그것은 대화가 아니야."

"하지만 누군가는 들어야 하잖아." 개구리가 대답했다. "그리고 나는 내가 혼자서 말하는 것을 즐겨. 그것은 논쟁을 막지."

p.111 "하지만 나는 논쟁을 좋아해." 로켓 폭죽이 대답했다.

"논쟁은 저속해. 게다가 좋은 사회의 모든 사람은 정확히 같은 의견을 가지고 있지. 잘 있어, 두 번째 인사로구나. 멀리에 내 딸들이 보여." 그리고 그 말과 함께 작은 개구리는 헤엄쳐서 가 버렸다.

"너는 몹시 짜증나는 녀석이구나." 로켓 폭죽이 개구리에게 말했다. "특히 다른 이가 나처럼 자신에 대해 말하고 싶어 하는데도 너처럼 자기에 대해서만 말하는 사람들을 나는 몹시 싫어해. 그것은 이기적이야. 너는 나에게서 배워야 해. 더 좋은 본보기는 없지. 하지만 너는 빨리 배우는 것이 좋을 거야. 왜냐하면 나는 곧 궁중으로 돌아갈 것이니까. 왕자와 공주는 어제 나의 명예를 기리려고 결혼했어. p.112 물론 너는 이런 종류의 일에 대해서는 아무것도 모를 거야. 너는 시골뜨기니까."

"그에게 말해 봤자 소용없어." 커다란 갈색 부들의 맨 위에 앉아 있던 잠자리가 말했다. "그는 이미 멀리 가 버렸어."

"그렇다면 그것은 그의 손해지, 내 손해가 아니야." 로켓 폭죽이 대답했다. "나는 단지 그가 주의를 기울이지 않는다고 해서 말하는 것을 그만두지는 않을 거야. 나는 내가 말하는 것을 듣는 것을 좋아해. 나는 매일 혼자서 긴 대화를 하지. 나는 아주 영리해서 때로는 심지어 내가 하고 있는 말을 한마디도 이해하지 못하기도 해."

"그렇다면 너는 철학에 관해 강연해야 해." 잠자리가 말했다. 그런 다음 잠자리는 아름다운 홑겹 날개 한 쌍을 펼치고 하늘로 솟구쳐 올라가 버렸다.

"머무르지 않다니 그는 참으로 어리석군!" 로켓 폭죽이 말했다. p.113 "자신의 정신을 계발하는 법을 가르쳐주려고 했는데. 자, 신경 쓰지 말자."

로켓 폭죽은 조금 더 깊이 진창으로 가라앉았다.

얼마 후, 커다란 흰 오리가 로켓 폭죽에게 다가왔다. 오리는 노란 다리와 물갈퀴가 달린 발을 가지고 있었다. 사람들은 오리가 최고로 아름다운 방식으로 뒤뚱거리며 걷는다고 말했다.

"꽥, 꽥, 꽥." 오리가 말했다. "너는 아주 이상하게 생겼구나! 그렇게 태어난 거니, 아니면 사고의 결과니?"

"너는 평생 시골에서 살아온 것이 정말로 틀림없구나." 로켓 폭죽이 대답했다. "만약 네가 도시에서 살았다면, 내가 누구인지 알 텐데. 그러나 나는 네 무지를 용서하겠어. 다른 이들이 나 자신만큼 도드라지기를 기대하는 것은 불공평할 거야. p.114 너는 아마도 내가 하늘 위로 솟아올라 황금색 소나기로 내려올 수 있다는 것을 들으면 놀랄 거야."

"그것이 그렇게 대단한 것인지 나는 모르겠구나." 오리가 말했다. "나는 그것이 누구에게든 무슨 쓸모가 있는 것인지 모르겠어. 만약 네가 황소처럼 밭을 경작할 수 있다면, 혹은 말처럼 마차를 끌 수 있다면, 혹은 콜리처럼 양을 지킬 수 있다면, 그것이야말로 뭔가 도드라진 일일 거야."

"가엾은 녀석." 로켓 폭죽이 무척 거만한 어조로 소리쳤다. "나는 네가 하층 계급에 속한다는 것을 알아. 나 같이 높은 지위에 있는 어떤 것은 절대 유용하지 않아. 우리는 이룩해 놓은 것이 있고, 그것은 언제나 필요 이상으로 충분하지. 나는 어떠한 종류의 생산적인 일에도, 특히 네가 추천하는 그런 종류의 일에는 관심이 없어."

"글쎄, 누구나 다른 취향을 가지고 있으니까 말이야." 논쟁하기를 좋아하지 않는 오리가 말했다. p.115 "여하튼 나는 네가 여기에 머무르기를 바라."

"오! 절대 안 돼!" 로켓 폭죽이 소리쳤다. "나는 방문객, 귀빈일 뿐이야. 나는 이곳이 상당히 지루해. 게다가 나는 정말로 궁중으로 돌아가야 해."

"내가 식사할 시간이야." 오리가 말했고, "꽥, 꽥, 꽥"이라고 말하며 시내 하류로 헤엄쳐 가 버렸다.

"돌아와! 돌아와!" 로켓 폭죽이 소리쳤다. "나는 너에게 해 줄 말이 훨씬 더 많아."

오리는 로켓 폭죽에게 주의를 기울이지 않았다.

"오리가 가 버려서 기쁘군." 로켓 폭죽이 혼잣말을 했다. "오리는 너무 소시민적이야."

로켓 폭죽은 조금 더 깊이 진창으로 가라앉았다.

로켓 폭죽은 천재가 되는 것의 외로움에 대해 생각하고 있었고, 그때 갑자기 두 명의 어린 소년이 주전자를 가지고 둑 아래로 달려왔다.

p.116 "그들은 나를 궁중으로 도로 데려가려고 온 것이 분명해." 몹시 기품 있어 보이려고 애쓰며 로켓 폭죽이 말했다.

"이 낡은 막대기를 봐!" 소년들 중 한 명이 말했다. "그것이 어떻게 여기에 왔는지 궁금해." 소년은 도랑에서 로켓 폭죽을 집어 들었다.

'낡은 막대기라고?' 로켓 폭죽은 생각했다. '불가능해! 황금 막대기, 그것이 그들이 말해야 하는 것이지.'

"그것을 불 속에 넣자!" 다른 소년이 말했다. "주전자의 물을 끓이는 데 도움이 될 거야."

그래서 그들은 나무를 몇 개 쌓아올리고, 로켓 폭죽을 맨 위에 놓고 불을 붙였다.

"이거 멋지구나." 로켓 폭죽이 말했다. "그들이 나를 대낮에 발사하려고 해. 모두가 나를 볼 수 있도록 말이야."

"이제 잠시 잠을 자자." 소년들 중 한 명이 말했다. "우리가 일어날 때 주전자는 끓고 있을 거야." 그리고 그들은 풀밭에 누워 눈을 감았다.

p.117 로켓 폭죽은 매우 축축했으므로 타는 데 오랜 시간이 걸렸다. 마침내 불이 로켓 폭죽에 붙었다.

"나는 발사될 거야!" 로켓 폭죽이 소리쳤다. 로켓 폭죽은 매우 뻣뻣하게 몸을 곧추 세웠다. "나는 별들보다 훨씬 더 높이, 달보다 더 높이, 태양보다 더 높이 발사될 거야."

쉭! 쉭! 쉭! 그리고 로켓 폭죽은 공중으로 곧장 솟아올랐다.

"훌륭하군!" 로켓 폭죽이 소리쳤다. "나는 이렇게 영원히 올라갈 거야. 나는 얼마나 멋진가!"

하지만 아무도 로켓 폭죽을 보지 못했다. 그때 로켓 폭죽은 온 몸에서 이상한 따끔거리는 감각을 느꼈다.

"이제 나는 폭발할 거야!" 로켓 폭죽이 소리쳤다. "나는 온 세상을 흥분시킬 거야. 그리고 아주 요란한 소리를 내서 모든 사람들이 일 년 내내 나에 대해 이야기하게 할 거야."

p.118 펑! 펑! 펑! 로켓 폭죽은 아주 큰 소리를 내며 폭발했다.

그러나 아무도 그의 소리를 듣지 못했다. 두 명의 어린 소년들조차도 깊이 잠들어 있었기 때문에 그의 소리를 듣지 못했다.

로켓 폭죽에게 남은 전부는 이제 막대기뿐이었다. 그것은 도랑 옆에서 산책을 하고 있는 거위의 등에 떨어졌다.

"맙소사!" 거위가 소리쳤다. "막대기 비가 오고 있는 것인가?" 그런 다음 거위는 물속으로 뛰어들었다.

"내가 대단한 센세이션을 일으킬 거라는 것을 나는 알았어!"라고 로켓 폭죽은 말하면서 죽어 갔다.

젊은 왕

p.119 대관식 전날 밤, 젊은 왕은 자신의 아름다운 방 안에 혼자 앉아 있었다. 그의 신하들은 모두 그에게 땅바닥까지 머리를 조아리며 저녁 문안 인사를 했다. p.120 그들은 예법 교수에게 마지막 수업을 몇 가지 받으러 대형 홀로 물러났다.

젊은 왕은 겨우 열여섯 살이었다. 그는 혼자가 된 것이 좋았으며, 깊은 안도의 한숨과 함께 자수가 수놓아진 소파의 부드러운 쿠션 위로 풀썩 쓰러졌다. 그는 사냥꾼들에게 붙잡힌 숲 속의 어린 동물처럼 매서운 눈매를 하고 입을 벌린 채 그곳에 누웠다.

그리고 실제로 그를 발견한 것은 사냥꾼들이었다. 사냥꾼들은 젊은 왕이 그를 키워준 가난한 양치기의 동물들을 따라가고 있을 때 거의 우연히 그를 발견했다. 젊은 왕은 의심 없이 늘 자신이 양치기의 아들이라고 생각해 왔다.

실제로, 그는 늙은 왕의 외동딸의 아이였다. 그녀는 자기보다 훨씬 더 비천한 신분의 누군가와 비밀 결혼을 통해서 그를 낳았다. 어떤 사람들은 신랑이 근사한 류트 연주 마술로 젊은 공주를 자신과 사랑에 빠지게 만든 낯선 자라고 말했다. p.121 어떤 사람들은 그가 어느 날 갑자기 성당에서의 작업을 미완성으로 남겨놓은 채 도시에서 사라진 리미니 출신의 예술가라고 했다.

어느 경우든 간에, 젊은 왕은 태어난 지 겨우 1주일 되었을 때 자기 어머니로부터 몰래 훔쳐졌다. 그런 다음 그는 자식들이 없는, 평범한 양치기와 그의 아내에게 맡겨진 것이었다.

그래서 그는 도시에서 하루를 넘게 말을 타고 가야 하는 숲의 외진 곳에서 살았다. 슬픔, 혹은 누군가 암시한 바와 같이 역병이 그를 낳은 공주를 죽였다. p.122 아이를 양치기에게 전달한 믿을 만한 전령이 그 양치기의 문을 두드렸을 때, 공주의 시신은 어느 인적이 끊긴 교회의 경내에 있는 공동묘지 안으로 안치되고 있었다.

아무튼 사연이 그러했으므로 사람들은 서로 귀엣말을 했다. 분명한 것은 늙은 왕이 임종 시에 자신의 크나큰 죄에 대한 후회로 마음이 움직였다는 것이었다. 왕은 또한 왕국이 자신의 혈통으로부터 계승되지 않으면 안 된다고 바랐다. 그래서 젊은이를 데리러 사람을 보내어 추밀원 앞에서 젊은이를 자신의 후계자로 인정했다.

자신이 인정받은 바로 그 첫 순간부터, 젊은 왕은 미와 웅장함에 대한 열정을 보였고 이제 그는 평생 즐기면서 살 운명인 듯했다. 궁전에서 젊은 왕을 수행하는 사람들은 그의 입술에서 터지는 기쁨의 외침에 대해 이야기했다. p.123 젊은 왕은 자신을 위해 준비된 섬세한 옷들과 화려한 보석들에 경탄했다. 젊은 왕은 기꺼이 자신의 투박한 가죽 튜닉과 조잡한 양가죽 망토를 벗어 던졌다.

하지만 젊은 왕은 이따금 숲에서 살던 삶의 멋진 자유를 정말로 그리워했다. 젊은 왕은 또한 날마다 많은 시간을 차지하는 지루한 궁중 의식에 점점 더 짜증이 났다.

그러나 지금은 자신이 주인인 근사한 궁전이 젊은 왕에게는 완전히 새로운 세계인 것 같았다. p.124 회의실 혹은 알현실에서 벗어날 때마다 젊은 왕은 거대한 계단을 달려 내려갔다. 젊은 왕은 금박을 입힌 청동 사자들과 밝은 반암 계단을 지나쳐 방에서 방으로 돌아다녔다.

젊은 왕은 그것들을 '발견 여행'이라고 불렀다. 그리고 젊은 왕에게 그것들은 정말로 놀라운 땅을 통과하는 항해였다. 때때로 젊은 왕은 호리호리한 금발의 궁중 시동들을 동행시켰다. 그러나 젊은 왕은 혼자일 때가 더 많곤 했다. 젊은 왕은 예술의 비밀은 비밀리에 가장 잘 학습되며, 따라서 미는 지혜처럼 고독한 숭배자를 아주 좋아한다고 느꼈다.

이 기간 중에 젊은 왕에 대해 많은 이상한 이야기들이 전해졌다. 도시의 시민들을 대신하여 인사말을 전달하러 왔던 한 땅딸막한 시장은 젊은 왕이 막 베네치아에서 가져온 거대한 그림 앞에 무릎을 꿇고 있는 것을 보았다. p.125 이는 문제였는데, 젊은 왕이 어떤 새로운 신들을 숭배해 오고 있는 것 같다고 말이 났기 때문이었다. 또 다른 때에 젊은 왕은 몇 시간 동안 보이지 않았다.

긴 수색 끝에 젊은 왕은 궁전에 있는 한 작은 방에서 발견되었다. 젊은 왕은 아도니스의 모습이 새겨진 그리스의 보석을 응시하고 있었다. 어떤 사람들은 자기들이 고대 조각상의 대리석 눈썹에 자신의 따뜻한 입술을 대고 누르고 있는 젊은 왕을 보았다고 말했다.

모든 진기하고 값비싼 물질들은 분명히 젊은 왕에게 큰 영향을 미쳤다. p.126 그것들을 얻기 위한 열의로 젊은 왕은 많은 상인들을 보냈다. 어떤 상인들은 북쪽 바다의 거친 어부들에게서 호박을 구입하기 위해 파견되기도 했다. 다른 상인들은 마법의 특성을 지녔다고 알려진 왕들의 무덤에서만 발견되는 기이한 녹색 터키옥을 찾으러 이집트로 파견되기도 했다. 어떤 상인들은 비단 카펫과 채색된 도기류를 구입하러 페르시아로 파견된 반면, 다른 상인들은 거즈와 얼룩진 상아를 구입하기 위해 인도로 파견되었다.

그러나 젊은 왕을 가장 매혹시킨 것은 그가 자신의 대관식에서 입을 예복이었다. 젊은 왕은 금실로 만들어진 예복을 입고, 루비가 박힌 왕관을 쓰고, 진주가 가장자리에 달린 홀을 들 예정이었다. 이 물건들이 젊은 왕이 자신의 호화로운 의자에 등을 기대고 누워 있던 오늘 밤 그의 마음을 차지한 것이었다.

당대의 가장 유명한 예술가들에 의해 완성된 디자인이 몇 달 전에 젊은 왕에게 제출되었다. p.127 젊은 왕은 장인들에게 그 세 가지 작품들이 만들어질 때까지 밤낮으로 일하라고 명령을 내린 바 있었다. 젊은 왕은 또한 그들의 작품에 어울릴 보석들을 전 세계에서 찾으라고 명령했다. 젊은 왕은 왕의 아름다운 예복을 입고 대성당의 높은 제단에 서 있는 스스로를 상상했다. 그런 다음, 젊은 왕은 소년다운 천진난만한 입술로 미소를 지었고, 그의 눈은 밝은 불꽃으로 빛났다.

얼마 후, 젊은 왕은 어스레하게 불이 밝혀진 방을 바라보았다. 벽은 미의 승리를 나타내는 화려한 태피스트리로 덮여 있었다. p.128 창문 맞은편에는 진기한 장식장이 서 있었고, 그 위에는 몇 개의 베네치아 풍의 섬세한 유리잔이 놓여 있었다. 엷은 색의 양귀비들이 비단 침대보 위에 수놓아져 있었고, 초록색 청동상으로 만들어진 웃고 있는 나르키소스는 그 머리 위로 반짝반짝 잘 닦인 거울을 들고 있었다.

젊은 왕은 창문을 통해 어두운 집들 위로 거품처럼 어렴풋이 나타나는 대성당의 거대한 돔을 볼 수 있었다. 피곤한 보초들이 강 옆에 있는 안개가 짙은 테라스를 오르락내리락 서성거리고 있었다. 멀리 어느 과수원에서 젊은 왕은 나이팅게일이 노래하는 소리를 들을 수 있었다. 재스민의 희미한 향이 열린 창문을 통해 들어왔다. 젊은 왕은 자신의 갈색 곱슬머리를 이마 뒤로 빗어 넘기고 류트를 집어 들었다. 그런 다음 갑자기 젊은 왕의 무거운 눈꺼풀이 아래로 처졌고, 이상한 둔한 느낌이 그를 덮쳤다. 젊은 왕은 아름다운 것들의 마법과 수수께끼가 그처럼 강렬하게 느껴진 적이 없었다.

p.129 젊은 왕이 자정에 종을 울리자 그의 시동들이 들어와서 그의 옷을 벗겼다. 그들은 그런 다음 장미수를 젊은 왕의 손에 부었고, 그의 베개 위에 꽃들을 뿌렸다. 그들은 방을 떠났고, 곧 젊은 왕은 잠이 들었다.

잠이 들었을 때 젊은 왕은 다음과 같은 꿈을 꾸었다.

젊은 왕은 길지만 천장이 낮은 다락방에 서 있었다. 젊은 왕은 많은 베틀 소리를 들을 수 있었다. 희미한 햇빛이 창문으로 스며들었고 젊은 왕에게 직조공들의 여윈 모습을 보여주었다. 창백하고 병들어 보이는 아이들이 거대한 대들보 위에 웅크리고 있었다. p.130 그 아이들은 모두 허기져 보였고, 그들의 여윈 손은 덜덜 떨렸다. 몇몇 초췌해 보이는 여인들이 탁자 앞에 앉아 바느질을 하고 있었다. 끔찍한 냄새가 그 장소를 가득 채웠다. 공기는 메스껍고 무거웠으며, 벽들은 모두 눅눅했다.

젊은 왕은 직공들 중 한 명에게 걸어가서 그의 옆에 서서 그를 지켜보았다.

그 직공은 젊은 왕을 보고 화를 내며 물었다. "왜 저를 감시하고 있죠? 당신은 우리 주인에 의해 보내진 염탐꾼입니까?"

"당신의 주인이 누구요?" 젊은 왕이 물었다.

"그는 나와 같은 사람입니다!" 직조공이 화를 내며 말했다. "실제로 우리 사이에는 단 한 가지 차이점이 있지요. 내가 누더기를 입는 반면에 주인은 멋진 옷을 입는답니다. 내가 굶주림으로 허약한 반면에 주인은 너무 많이 먹어서 고통스러워하지요."

p.131 "이 나라는 자유 국가요." 젊은 왕이 말했다. "당신은 누구의 노예도 아니오"

"전쟁 시에는 강자가 약자를 노예로 삼지요." 직조공이 말했다. "그리고 평화의 시기에는 부자들이 가난한 자들을 노예로 삼습니다. 우리는 살기 위해 일해야 하며, 그들은 우리에게 아주 낮은 임금을 주어 우리는 죽습니다. 우리는 온종일 그들을 위해 일합니다. 우리 아이들은 천명을 다하지 못하고 서서히 죽어가고, 우리가 사랑하는 그들의 얼굴은 힘들고 험악해집니다. 우리는 포도를 밟아 짜고, 다른 사람들은 포도주를 마시지요. 우리는 곡식의 씨를 뿌리지만, 먹지는 못합니다. 비록 아무도 그것들을 보지 못하지만 우리는 사슬에 매여져 있습니다. 비록 사람들은 우리가 자유롭다고 말하지만 우리는 노예입니다."

"여기 있는 모두가 다 그러한 경우인가?" 젊은 왕이 물었다.

p.132 "그래요." 직조공이 대답했다. "노인은 물론 젊은이도, 남자들은 물론 여자들도 다 똑같지요. 상인들은 우리에게 장시간 일을 시키고, 우리는 그들이 말하는 모든 것을 해야 해요. 아무도 우리를 돌보아 주지 않아요. 가난이 우리를 지배하고, 사악한 얼굴을 한 죄악은 가난 바로 뒤에서 바짝 붙어 따라오지요. 비참함은 아침에 우리를 잠에서 깨우고 수치심은 우리가 잠드는 것을 지켜보지요. 왜 내가 당신에게 이러한 것들을 이야기해야 하나요? 어쨌거나 당신은 우리들 중 한 명이 아니에요. 당신의 얼굴은 너무 행복해요." 그리고 직조공은 화를 내며 몸을 돌렸고, 북을 베틀 너머로 던졌다. 그때 젊은 왕은 그것이 금실로 꿰어져 있는 것을 보았다.

그러자 젊은 왕은 갑자기 공포로 제정신이 아니었고, 직조공에게 "당신이 짜고 있는 것이 무슨 옷이오?"라고 물었다.

"그것은 젊은 왕의 대관식을 위한 예복입니다." 직조공이 대답했다. "왜 알고 싶어 하죠?"

p.133 그때 젊은 왕은 커다란 비명을 지르면서 잠에서 깨어났다.

물 한 모금을 마신 후, 젊은 왕은 다시 잠이 들었고 꿈을 꾸었다. 그리고 이것이 젊은 왕의 꿈이다.

젊은 왕은 자기가 백 명의 노예들이 노를 젓는 어느 거대한 배의 갑판 위에 누워 있다고 생각했다. 배의 주인은 젊은 왕 옆에서 카펫 위에 앉아 있었다. 그는 흑단처럼 검었고, 그의 터번은 진홍색 비단으로 만들어져 있었다. 커다란 은 귀고리가 그의 두꺼운 귓불 아래로 늘어져 있었고, 그의 손에는 한 쌍의 상아색 천칭이 들려 있었다.

노예들은 허리에 두르는 남루한 천을 제외하고는 벌거벗고 있었다. 각각의 사람들은 옆 사람과 사슬로 묶여 있었다. p.134 뜨거운 태양이 그들에게 밝게 내리 쬐었고, 흑인들은 통로를 위아래로 뛰어다녔으며 가죽 채찍으로 그들을 때렸다. 그들은 팔을 뻗어 물을 가르며 무거운 노를 잡아당겼다.

그들은 곧 작은 만에 도착했다. 가벼운 바람이 해안에서 불어왔으며 고운 붉은 모래로 갑판을 덮었다. 야생 나귀를 탄 세 명의 아랍 사람들이 와서 그들에게 창을 던졌다. 배의 주인은 채색된 활을 손에 잡고 그들 중 한 명의 목을 쏘았다. 그는 풍덩 물로 떨어졌고 그의 동료들은 나귀를 타고 달아났다. 노란 베일을 쓴 여인이 낙타를 타고 이따금 죽은 자를 뒤돌아보며 천천히 따라갔다.

그들이 닻을 던지고 돛을 내리자마자 흑인 노예들이 긴 줄사다리를 가져왔다. 그것은 납으로 되어 있어서 육중하게 무게가 더해졌으며 갤리선의 주인은 그것을 배의 한쪽 너머로 던졌다. p.135 그러자 노예들이 노예들 중 가장 어린 노예를 붙잡고 그의 콧구멍과 귀를 밀랍으로 가득 채웠다. 그런 다음 커다란 돌이 그의 허리에 묶였다. 그는 기진맥진해서 사다리를 내려갔고, 바닷속으로 사라졌다. 약간의 공기 거품이 그가 가라앉은 곳에서 올라왔다. 다른 노예들 중 몇 명은 배의 한쪽 너머로 신기한 듯이 지켜보았다.

얼마 후, 잠수자는 다시 물 밖으로 나왔다. 그는 자신의 오른손에 진주를 들고 숨을 헐떡이며 사다리에 매달려 있었다. 다른 노예들은 그에게서 그것을 붙잡아 들고 그를 다시 밀어 넣었다. 다른 사람들은 그들의 노 너머로 잠들어 있었다.

계속해서 그는 올라왔고, 매번 아름다운 진주를 가지고 왔다. p.136 배의 주인은 그것들의 무게를 재고 그것들을 초록색 가죽 주머니에 집어넣었다.

젊은 왕은 말을 하려고 해 보았으나 혀를 움직일 수가 없었고, 그의 입술 역시 움직이려고 하지 않았다. 노예들은 자기들끼리 잡담을 했고 밝은색 진주 한 줄을 놓고 싸우기 시작했다. 두 마리의 학이 배 주위에서 둥글게 선회하며 날았다.

그때 잠수자가 마지막으로 나왔고 가장 크고 가장 밝은 진주를 가져왔다. 그것은 보름달과 같은 모양을 하고 있었고, 새벽 별보다도 더 하얬다. 그러나 잠수자의 얼굴은 이상하게 창백했다. 그가 갑판에 쓰러지자 피가 귀와 콧구멍에서 세차게 흘러나왔다. 그는 몇 분간 몸을 떨더니 조용해졌다. 노예들은 어깨를 으쓱하고 시신을 배 밖으로 던졌다.

배의 주인은 웃었다. p.137 그는 손을 뻗어 진주를 잡고 그것을 살펴보았다. 그는 그것을 자기 이마에 대고 절을 했다.

"이것은 젊은 왕의 홀에 사용될 거야." 그가 말했다. 그런 다음 그는 노예들에게 닻을 올리라고 신호했다.

젊은 왕은 커다란 비명을 지르고 깨어났다.

젊은 왕은 자기 이마를 문지르고 곧 다시 잠에 빠졌다. 젊은 왕은 꿈을 꾸었고 이것이 그의 꿈이었다.

젊은 왕은 자신이 이상한 과일과 독이 있는 아름다운 꽃들이 매달려 있는 어두운 숲 속을 헤매고 있다고 생각했다. 젊은 왕이 지나갈 때 뱀들은 쉭쉭 소리를 냈고, 영리한 앵무새들은 소리를 지르며 나뭇가지들 사이를 날아다녔다. 커다란 거북들은 뜨거운 진흙 위에 누워 자고 있었다. 나무들은 원숭이와 공작들로 가득했다.

p.138 젊은 왕은 계속 걸어서 마침내 숲의 외곽에 도착했다. 그곳에서 젊은 왕은 바싹 마른 강의 하천 바닥에서 일하고 있는 큰 무리의 사람들을 보았다. 그들은 땅바닥에 깊은 구덩이들을 파고 그 아래로 내려갔다. 그들 중 일부는 커다란 도끼를 가지고 바위들을 캐냈고, 반면에 다른 사람들은 모래를 손으로 뒤적거렸다.

그들은 나무를 뿌리째 뽑고 주홍색 꽃들을 짓밟았다. 그들은 서로에게 소리를 지르며 서둘렀다.

어떤 동굴의 어둠 속에서 죽음과 탐욕이 그들을 지켜보았다.

"걱정스럽군." 죽음이 말했다. "그것들 중 1/3을 나에게 줘. 그러면 떠날

테니까."

"그들은 내 하인들이야." 탐욕이 머리를 흔들며 대답했다.

"네 손에 있는 그것이 무엇이니?" 죽음이 물었다.

"나는 옥수수 세 알을 가지고 있어." 탐욕이 대답했다.

p.139 "그것들 중 하나만 줘." 죽음이 말했다. "나는 그것을 내 정원에 심고 싶어. 딱 한 알만 주면, 나는 떠날 거야."

"나는 너에게 아무것도 주지 않을 거야." 탐욕이 말했다.

죽음은 웃었다. 그런 다음 컵을 하나 가져가 그것을 물웅덩이 속에 담갔다. 컵 밖으로 학질이 솟아나 큰 무리의 사람들 사이로 지나갔으며, 그들 중 1/3이 즉사했다.

자기 노예들 중 1/3이 죽은 것을 보았을 때, 탐욕은 자신의 가슴을 치며 울었다.

"네가 내 하인들 중 1/3을 죽였어!" 탐욕이 소리쳤다. "떠나라. 타타르 산악지대에서는 전쟁이 있고, 양편의 왕들이 너를 부르고 있어. p.140 아프리카 사람들 또한 전장으로 진군하고 있어. 그들에게 가라. 그리고 나를 내버려 둬. 너는 여기에 있을 필요가 없어."

"싫어." 죽음이 대답했다. "일단 네가 옥수수 한 알을 내게 주면 떠날게."

그러나 탐욕은 손을 꽉 쥐고 이를 악물었다.

"나는 너에게 아무것도 주지 않을 거야." 탐욕이 말했다.

죽음은 다시 웃었다. 죽음은 검은 돌을 집어 들고 그것을 숲 속으로 던졌다. 잠시 후 열병이 화염 옷을 입고 나왔다. 열병은 노예들 사이로 지나가면서 그들을 건드렸고, 열병이 건드린 각각의 사람들은 죽었다. 열병이 지나갈 때 그 발밑에 있는 풀들이 죽었다.

"너는 잔인해." 탐욕이 소리쳤다. "너는 잔인해. 인도와 이집트의 성벽으로 둘러싸인 도시들에 기근이 있어. 나일 강이 둑을 범람하지 않았고, 사제들은 이시스와 오시리스를 저주해 왔어. 너를 필요로 하는 사람들에게 가. 그리고 나를 내버려 둬."

p.141 "싫어." 죽음이 대답했다. "일단 네가 옥수수 알 한 알을 내게 주면 떠날게."

"나는 너에게 아무것도 주지 않을 거야." 탐욕이 말했다.

죽음은 큰 소리로 웃었고, 손가락 사이로 휘파람을 불었다. 그때 한 여인이 하늘을 가르며 날아왔다. 그녀의 이마에는 역병이라고 적혀 있었고,

여윈 한 무리의 독수리들이 그녀의 주위에서 날았다. 그녀는 자기 날개로 골짜기를 덮었고, 남아 있는 모든 사람들이 죽었다.

탐욕은 날카로운 비명을 지르며 숲을 가로질러 도망쳤고, 죽음은 자신의 붉은 말 위에 뛰어올라 말을 타고 가 버렸다.

"이 사람들은 누구였지?" 젊은 왕이 울면서 말했다. "그들이 무엇을 찾고 있었던 거야?"

p.142 "그들은 왕의 왕관에 쓸 루비를 찾고 있었어요." 누군가가 대답했다.

젊은 왕은 몸을 돌려 순례자처럼 옷을 입고 있는 한 남자를 보았다. 그는 손에 은색 거울을 들고 있었다.

"어떤 왕을 위해서?" 점점 창백해지며 젊은 왕이 물었다.

"이 거울을 보세요. 그러면 그가 보일 거예요."

젊은 왕은 거울을 들여다보고 자기 자신의 얼굴을 보았으며, 커다란 비명을 지르며 깨어났다. 젊은 왕은 창문 밖을 내다보았다. 밝은 햇살이 방 안으로 흘러들어 오고 있었다.

수상과 국가의 고위 관리들이 들어와서 젊은 왕에게 인사를 했다. 시동들이 황금 실로 짜인 예복을 가지고 왔고, 왕관과 홀을 그의 앞에 두었다.

젊은 왕은 그것들을 쳐다보았는데, 그것들은 아름다웠다. p.143 사실 그것들은 그들이 여태껏 본 그 어떤 것보다 아름다웠다. 그러나 젊은 왕은 자신의 꿈을 기억했고, 고개를 흔들었다.

"이것들을 치워라." 젊은 왕이 말했다. "나는 그것들을 착용하지 않을 것이다. 이 예복은 슬픔이라는 베틀, 그리고 고통이라는 흰 손으로 짜인 것이다. 루비의 중앙에는 피가 있고, 진주의 중앙에는 죽음이 있다." 그런 다음 젊은 왕은 자신의 세 가지 꿈을 들려주었다.

"전하, 악몽을 잊으십시오." 수상이 말했다. "이 아름다운 예복을 입으세요. 그리고 이 왕관을 머리에 쓰세요. 그렇지 않으면 전하가 왕인지 사람들이 어찌 알겠습니까?"

"나는 이 예복을 입지 않을 것이고, 이 왕관을 쓰지도 않을 것이오." 젊은 왕이 말했다.

p.144 젊은 왕은 자신이 친구로 삼은 시동 한 명을 제외하고 모두 물러가라고 말했다. 그런 다음 젊은 왕은 깨끗한 물로 목욕을 하고 큰 상자를 열었다. 그 상자에서 젊은 왕은 자신이 양치기로 일할 때 입었던 가죽

튜닉과 조악한 양가죽 망토를 꺼냈다. 젊은 왕은 그것들을 입고 양치기의 지팡이를 잡았다.

"전하, 전하의 예복과 홀이 보입니다." 시동이 미소를 지으며 말했다. "하지만 전하의 왕관은 어디에 있습니까?"

그러자 젊은 왕은 발코니 위로 기어 올라온 한 줄기의 들장미를 뽑아 그것을 둥글게 묶어 자기 머리 위에 얹었다.

"이것이 나의 왕관이다." 젊은 왕이 대답했다.

그런 다음 젊은 왕은 자기 방에서 나와 대형 홀로 들어갔는데, 그곳에서는 귀족들이 그를 기다리고 있었다.

귀족들은 젊은 왕을 비웃었다.

"전하, 사람들이 그들의 왕을 기다리고 있습니다." 그들 중 한 명이 말했다. p.145 "하지만 전하는 그들에게 거지를 보여주고 계십니다!"

"전하는 우리나라에 수치를 가져오므로 우리의 주인이 될 자격이 없습니다." 다른 사람이 말했다.

그러나 젊은 왕은 단 한마디도 하지 않았고, 계속해서 걸어갔다. 젊은 왕은 밝은 반암 계단을 내려갔고, 청동 문을 통과하여 밖으로 나갔다. 젊은 왕은 자신의 말 위에 올라타고 대성당을 향해 말을 몰았으며, 그의 옆에서는 어린 시동이 달려갔다.

사람들은 젊은 왕을 비웃고 조롱했다.

"봐라! 우리의 왕은 거지다!" 그들이 말했다.

"아니다. 나는 왕이다." 젊은 왕이 말했다. 그런 다음 자신의 세 가지 꿈을 그들에게 들려주었다.

한 남자가 그 무리에서 나와 젊은 왕에게 비통하게 말했다. "전하, 전하는 가난한 사람들이 부유한 사람들에게 봉사하면서 먹고 산다는 것을 모르십니까? p.146 당신들의 악덕이 우리에게 빵을 주지요. 사악한 주인을 위해 일하는 것은 어렵지만, 일해 줄 주인이 없는 것은 훨씬 더 나쁩니다. 누가 우리에게 먹을 것을 준다고 생각하십니까? 부디 전하의 궁전으로 돌아가셔서 전하의 자줏빛의 멋진 리넨 옷을 입으십시오. 왜 전하가 우리를 신경 써야 합니까? 전하는 우리를 훨씬 더 고통스럽게 할 뿐입니다."

"부자인 사람이나 가난한 사람이나 다 같은 사람들이 아닌가요? 우리는 모두 형제 아닌가요?" 젊은 왕이 물었다.

사람들의 무리 속으로 말을 타고 갈 때 젊은 왕의 눈에는 눈물이 가득

찼다. 어린 시동은 점점 두려워져서 젊은 왕의 곁을 떠났다.

젊은 왕이 대성당의 거대한 정문에 도착했을 때, 군인들은 그들의 미늘창을 쑥 내밀며 말했다. "여기서 무엇을 하고 있느냐? 전하 외에는 아무도 이 문을 통과해 들어갈 수 없다."

p.147 "나는 왕이다." 젊은 왕이 화를 내며 말했다. 젊은 왕은 그들의 미늘창을 옆으로 물리치고 안으로 들어갔다.

젊은 왕이 자신이 양치기였을 적의 옷을 입고 오는 것을 보고 늙은 주교가 놀라서 자신의 성좌에서 일어났다.

"전하, 이것이 왕의 복장인가요?" 주교가 물었다. "그리고 어떤 왕관을 전하께 씌워드려야 합니까? 그리고 어떤 홀을 전하의 손에 들려 드려야 합니까? 분명히 오늘은 기쁜 날이 되어야 하지, 난처한 날이 되면 안 됩니다."

"슬픔이 나의 기쁨을 위해 만든 옷을 입을까요?" 젊은 왕이 물었다. 그런 다음 젊은 왕은 주교에게 세 가지 꿈 이야기를 들려주었다.

그 이야기를 들었을 때, 주교는 눈살을 찌푸리고 말했다. "전하, 저는 늙은이고, 인생으로 치면 겨울을 보내고 있습니다. p.148 세상에는 많은 나쁜 일들이 벌어진다는 것을 저는 압니다. 산에서 도적들이 내려와 어린 아이들을 잡아가서 무어 인들에게 팝니다. 사자들은 누워서 대상인들을 기다리고 있다가 낙타들을 죽이지요. 멧돼지들은 골짜기에서 옥수수를 뿌리째 뽑고, 여우들은 병아리들을 죽이지요. 해적들은 어부들의 배를 불태우고, 그들에게서 그물을 강탈합니다. 거지들은 도시를 헤매고 개들과 함께 밥을 먹지요. 전하가 이 모든 것들을 바꿀 수 있다고 생각하십니까? 전하는 전하의 멋진 침대를 나병 환자들과 공유하고, 거지들을 전하의 식탁에서 먹게 하실 겁니까? 사자들과 멧돼지들이 전하의 명령에 복종할 것이라고 생각하십니까? 애당초 고통을 만드신 분이 전하보다 훨씬, 훨씬 더 현명하신 주님 아닙니까? 저는 전하가 하신 일을 칭찬해 드릴 수 없습니다. 제발 말을 타고 궁전으로 돌아가 왕에게 어울리는 예복을 입으십시오. 그러면 제가 황금 왕관을 씌워드리겠습니다. p.149 진주로 만든 홀을 전하의 손에 들려드리겠습니다. 그리고 전하의 꿈에 관해서는 잊어버리십시오. 이 세상의 짐은 한 사람이 짊어지기에는 너무 거대합니다. 세상의 슬픔은 한 사람의 마음이 겪기에는 너무 무겁습니다."

"당신의 주님의 사람이 아닌가요?" 젊은 왕이 말했다. "그리고 우리는 주님의 집에 서 있는 것이 아닙니까? 그런데 어떻게 내 형제자매의 고통을 모르는 체하라고 말합니까?"

그런 다음 젊은 왕은 큰 걸음으로 주교를 지나 제단의 계단을 올라갔다. 이제 젊은 왕은 예수의 그림 앞에 섰다. 젊은 왕의 주위에는 믿기 어려울 만큼 훌륭한 황금 잔들, 노란 포도주가 담긴 성배, 그리고 성유가 담긴 유리병이 있었다. p.150 젊은 왕은 예수의 그림 앞에 무릎을 꿇었고, 커다란 양초가 보석이 박힌 성소 옆에서 밝게 타올랐다. 그리고 향료의 연기가 돔을 통해서 가는 초록색 화환 모양을 만들었다. 젊은 왕은 기도하며 고개를 아래로 숙였고, 뻣뻣한 망토를 걸친 사제들은 제단에서 살금살금 멀어져 갔다.

갑자기 대성당 밖에서 소동이 있었다. 그런 다음 귀족들이 검집에서 빼낸 검과 반짝반짝 잘 닦인 철로 만든 방패를 들고 들이닥쳤다.

"우리의 가짜 왕, 몽상가는 어디에 있느냐?" 그들이 소리쳤다. "거지처럼 옷을 차려입고 있는 이 왕은 어디에 있느냐? 우리나라에 수치를 가지고 온 그 소년은 어디에 있느냐? 우리는 그를 죽이러 여기에 왔다. 그가 우리를 다스릴 자격이 없기 때문이다."

젊은 왕은 자기 머리를 다시 숙이고 기도했다. 젊은 왕은 천천히 기도를 마치고 일어섰다. 젊은 왕은 천천히 몸을 돌린 다음 그들을 서글프게 바라보았다.

p.151 햇빛이 채색된 유리를 통해 흘러들어왔고, 햇살은 황금 실로 만들어졌던 예복보다 더 밝고 더 아름다운 얇은 예복을 그의 주위에서 짰다. 양치기의 지팡이는 꽃을 피웠고, 진주보다 더 하얀 백합들을 꽃피웠다. 젊은 왕의 머리 위의 마른 가시는 꽃을 피우고 루비보다 더 붉은 장미를 맺었다. 백합들은 가장 하얀 진주보다도 더 하얬고, 그 줄기는 밝은 은색이었다. 장미들은 가장 붉은 루비보다 더 붉었고, 그 잎들은 금색이었다.

이제 젊은 왕은 왕의 예복을 입고 서 있었다. 신이 영광이 그 장소의 곳곳을 채웠고, 성인들은 그들이 새겨져 있는 벽감 안에서 움직이는 것 같았다. p.152 젊은 왕은 아름다운 왕의 예복을 입고 그들 앞에 섰고, 오르간은 아름다운 음악을 연주했다. 나팔수들은 자신들의 트럼펫을 불었고, 성가대의 소년들은 노래를 불렀다.

사람들은 경외감으로 무릎을 꿇었다. 귀족들은 검을 치우고 경의를 표했다. 늙은 주교의 얼굴은 창백해졌고 그의 손은 떨렸다.

"훨씬 더 높으신 분이 전하께 왕관을 씌워 주셨군요." 주교는 소리치고

서 그의 앞에 무릎을 꿇었다.

그러자 젊은 왕은 높은 제단에서 걸어 내려와 사람들의 무리 사이를 지나 궁전으로 향했다. 그러나 아무도 감히 젊은 왕의 얼굴을 똑바로 바라보지 못했다. 그의 얼굴이 천사의 얼굴 같았기 때문이었다.

별의 아이

p.153 옛날에 두 명의 가난한 나무꾼이 거대한 소나무 숲을 지나 집으로 가고 있었다. 때는 겨울이었고, 그들은 극심한 추위로 떨었다. p.154 눈은 땅과 나뭇가지들 위에 두텁게 쌓여 있었다. 그들이 지나갈 때 서리가 그들 양 옆에 있는 잔가지들을 툭툭 부러뜨렸다. 그들이 산의 폭포에 도착했을 때, 폭포는 움직임 없이 공중에 걸려 있었는데, 얼음의 왕이 폭포에게 입맞춤을 했기 때문이었다.

너무나 추워서 동물들과 새들조차도 어떻게 추위를 견뎌야 할지 알지 못했다.

"어!" 늑대가 으르렁거렸다. "날씨가 아주 끔찍하군. 왜 정부는 그것에 관해 아무것도 하지 않는 거야?"

"늙은 대지가 죽었어." 홍방울새가 말했다. "그래서 그들이 하얀 수의를 입혀 대지를 눕혀 놓은 거야."

"대지는 결혼할 것이고, 이것은 그녀의 신부의 드레스야." 비둘기들이 서로에게 말했다. 그들의 작은 분홍색 발은 꽁꽁 얼어붙었으나, 그들은 그 상황을 낭만적인 시각으로 보는 것이 그들의 의무라고 생각했다.

p.155 "그것 참 말도 안 되는 소리군!" 늑대가 으르렁거렸다. "그것은 모두 정부의 잘못이야. 만약 나를 믿지 않는다면, 너희들을 먹어 버리겠어."

"글쎄, 나는 모든 것에 대해 정확한 설명을 필요로 하지 않아." 딱따구리가 말했다. "만약 상황이 그런 것이라면, 그런 것이고, 지금 당장은 날씨가 끔찍하게 추운 것이지."

확실히 끔찍하게 추웠다. 작은 다람쥐들은 서로의 온기를 유지해 주기 위하여 계속해서 서로의 코를 문질렀다. 토끼들은 자기들의 굴에서 웅크리고 잤고 감히 내다보려고 하지도 않았다. 그것을 즐기는 듯한 유일무이한 동물들은 부엉이였다. 그들의 깃털들은 무빙으로 뻣뻣했지만, 그들은 신경 쓰지 않았다.

p.156 "우리가 즐기기에는 참으로 유쾌한 날씨야!" 부엉이들이 서로에게 말했다.

두 사람의 나무꾼은 손가락을 호호 불고 커다란 장화를 신고 눈을 밟으며 계속 걸었다. 한 번은 깊은 구덩이에 빠졌다가 완전히 새하얘져서 나오기도 했다. 또 한 번은 단단하고 매끄러운 얼음에 미끄러져서 나무가 꾸러미에서 빠져나왔고, 그들은 그 나무들을 주워서 다시 한데 묶어야 했다.

한때 그들은 길을 잃었다고 생각하고 두려워졌다. 그러나 그들은 모든 여행자들을 지켜준다는 선하디선한 성 마틴을 믿었다. 그들은 자신들의 발자국을 되짚어 가서 마침내 숲의 외곽에 도착했다. 그곳에서 그들은 자기들 발밑으로 멀리 떨어져 있는 골짜기에서 자기들이 사는 마을의 불빛을 보았다.

그들은 자신들이 무사히 돌아온 것이 미칠 듯이 기뻤다. p.157 그들은 크게 웃었고, 대지는 그들에게 은색 꽃 같았고, 달은 금색 꽃 같았다.

하지만 자신들의 가난이 기억났기 때문에 곧 그들은 다시 서글퍼졌다.

"우리가 왜 웃고 있었지?" 그들 중 한 명이 다른 사람에게 말했다. "인생이란 오로지 부자들에게만 좋은 것이고, 우리처럼 가난한 사람들에게는 좋을 것이 없지. 우리는 숲에서 그냥 죽었어야 해. 어떤 야생동물이 우리를 죽이는 것이 더 나았을 거야."

"자네 말이 맞아." 그의 친구가 대답했다. "어떤 사람들에게는 많은 것이 주어지고, 나머지 사람들에게는 거의 주어지지 않지. 불공평은 어디에나 존재해."

그러나 그들이 자신들의 가난을 한탄할 때, 이상한 일이 일어났다. p.158 하늘에서 아주 밝고 아름다운 별 하나가 떨어졌다. 그들이 그것을 보았을 때, 그 별은 돌을 던지면 닿을 곳에 서 있는 버드나무 숲 뒤로 가라앉는 것 같았다. 두 명의 나무꾼은 달리기 시작했다.

그들 중 한 명이 자기 친구보다 더 빨리 뛰었고 버드나무 숲을 헤치고 나아갔다. 그가 반대쪽으로 나왔을 때, 하얀 눈 위에 황금색의 무엇인가가 놓여 있었다! 그래서 그는 그것을 향해 서둘러 다가갔고, 몸을 웅크려서 그 위에 손을 얹었다. 그것은 금색 직물로 만들어진 망토였고, 별들이 수놓아져 있었으며 여러 겹으로 싸여 있었다.

그는 친구에게 자기가 하늘에서 떨어진 보물을 발견했다고 소리쳤다. 자기 친구가 도착했을 때, 두 사람은 눈에 앉았다. 그들은 금 조각들을 나누려고 망토를 한 겹 한 겹 풀었다. 하지만 세상에! 그 안에는 금도, 은도, 혹은 어떤 종류의 보물도 전혀 없었다. p.159 오로지 잠을 자고 있는 작은 아이가 한 명 있을 뿐이었다.

"이 아이는 우리의 희망의 슬픈 결말이군." 그들 중 한 명이 다른 사람에게 말했다. "이 아이가 어떻게 우리에게 이익을 줄 수 있지? 이곳을 떠나 우리 갈 길을 가지. 우리는 가난하고, 우리에게는 이미 먹을 것이 충분하지 않은 우리의 친자식들이 있어. 우리는 또 다른 아이를 부양할 수가 없어."

"안 돼." 다른 사람이 말했다. "아이가 이곳 눈 속에서 죽도록 내버려두는 것은 나쁜 일이야. 내가 자네만큼 가난하다는 것은 나도 알아. 나는 이미 먹여 살려야 할 많은 식구들이 있고, 돈도 많지 않지. 그러나 나는 그래도 아이를 데리고 갈 것이고, 내 아내는 그 아이를 보살펴줄 거야."

그는 아이를 조심조심 들어 올리고 혹독한 추위로부터 아이를 보호하려고 망토를 둘러주었다. p.160 그는 살금살금 언덕을 내려가 마을로 갔고, 그러는 동안 그의 친구는 그의 어리석음과 연약한 마음을 비웃었다.

"자네는 아이를 가졌으니 나에게 망토를 주게." 그들이 마을에 도착했을 때 그의 친구가 말했다. "우리는 친구니까 재물을 나누어야 해."

"안 돼." 그가 대답했다. "망토는 내 것도, 자네 것도 아니야. 그것은 아이의 것이야." 그 말과 함께 그는 자기 집으로 가서 문을 두드렸다.

그의 아내는 자기 남편이 자기에게 무사히 돌아온 것을 보고 기뻤다. 그녀는 그의 목에 팔을 두르고 그에게 입을 맞추었다. 그녀는 그의 등에서 나무 꾸러미를 내리고 그의 장화의 눈을 털었다.

"내가 숲에서 무언가를 발견했어." 그가 집 안으로 들어가기 전에 말했다. "나는 당신이 그것을 보살펴 주도록 집으로 데려왔어."

p.161 "그것이 뭐죠?" 그녀가 물었다. "그것을 저에게 보여주세요. 우리 집은 텅 비어 있고, 우리에게는 많은 것들이 필요해요."

그는 망토를 끌어내리고 그녀에게 자고 있는 아이를 보여주었다.

"맙소사!" 그녀가 말했다. "우리 아이들만으로 충분하지 않나요? 그리고 만약 이 아이가 우리에게 불운을 가지고 오면 어떡해요? 그리고 우리가 어떻게 그 아이를 돌봐요? 우리 자신이 먹기에도 충분하지 않잖아요!"

"그래, 하지만 이 아이는 별의 아이야." 그가 대답했다. 그런 다음 그는 자기가 어떻게 그 아이를 발견하게 되었는지 말했으나, 그녀는 쉽게 설득당하지 않았다.

"우리 아이들은 굶고 있는데도 당신은 누군가의 아이를 부양하고 싶다고요?" 그녀가 화를 내며 말했다. "우리는 누가 돌보아 주죠? p.162 아무도 우리에게 공짜로 음식을 주지 않아요!"

"하지만 신은 모든 살아 있는 것들을, 심지어 참새들조차도 돌보시잖소." 그가 말했다. "그분이 우리 모두를 먹여 주실 거요."

"참새들은 겨울에 굶어죽지 않나요?" 그녀가 물었다. "그리고 우리는 지금 당장 가장 끔찍한 겨울을 겪고 있는 것이 아닌가요?"

남자는 아무 말도 하지 않았고 입구에서 조금도 움직이지 않았다.

그때 숲에서 불어온 모진 바람이 열린 문을 통해 들어왔고 아내를 덜덜 떨게 만들었다.

"문 안 닫을 거예요?" 아내가 머리에서 발끝까지 덜덜 떨며 말했다. "차가운 바람이 집 안으로 들어와서 추워요."

"당신이 차가운 마음을 지니고 있는 한, 우리 집은 항상 모진 바람으로 가득할 것이오." 그가 말했다. 아내는 대답하지 않았지만, 불 가까이로 걸어갔다.

잠시 후, 아내는 몸을 돌려 그를 바라보았고, 그녀의 눈은 눈물이 가득했다. p.163 그는 재빨리 들어와 아이를 그녀의 팔에 안겨주었다. 아내는 아이에게 부드럽게 입을 맞추었고 자기들의 친자식들 중 막내가 누워 있는 작은 침대에 눕혔다.

다음날 아침, 나무꾼은 이상한 금색 망토를 가져가 그것을 커다란 상자 안에 넣어 두었다. 나무꾼은 아이의 목에 걸린 호박 목걸이를 가져가 그것 역시 상자 안에 넣었다.

그리하여 별의 아이는 나무꾼의 아이들과 함께 키워졌다. 그리고 매년 별의 아이는 더욱 더 아름다워졌다. 마을에 사는 모든 사람들은 궁금증이 가득 생겼다. 그들은 피부가 검고 머리가 검었는데, 별의 아이는 피부가 희고 상아처럼 고왔으며, 최고로 멋진 금발의 곱슬머리를 지녔다. 별의 아이의 입술은 붉은 꽃의 꽃잎 같았고, 그의 눈은 물이 맑은 강 근처에 있는 제비꽃 같았다.

p.164 그러나 별의 아이의 아름다움은 좋은 일보다는 나쁜 일을 더 많이 했다. 별의 아이는 거만하고 무정하고 이기적이 되어 갔다. 별의 아이는 나무꾼의 아이들과 마을의 다른 아이들을 멸시했다. 별의 아이는 그들을 깔보았고, 스스로를 그들의 주인이라고 여겼으며, 그들을 자기 하인이라고

불렀다. 별의 아이는 가난한 사람들, 혹은 눈이 멀거나 불구인 사람들에게 연민을 갖지 않았다. 사실 별의 아이는 그들에게 돌을 던지고 쫓아냈다. 그러나 별의 아이는 자기 자신을 몹시 사랑했다. 여름 동안, 별의 아이는 사제의 과수원 안에 있는 우물 옆에 누워 자기 자신의 얼굴을 내려다보고 경탄하곤 했다.

나무꾼과 그의 아내는 "우리는 네가 도움을 필요로 하는 사람들을 대우하듯이 너를 대우하지 않았다. 너는 어찌하여 동정을 받을 만한 사람에게 그렇게 잔인하게 굴 수 있니?"라고 말하며 종종 별의 아이를 꾸짖었다.

p.165 늙은 사제는 종종 별의 아이에게 살아 있는 것들에 대한 사랑을 가르치려고 했다.

"파리는 네 형제란다."라고 사제는 말하곤 했다. "그것을 해치지 마라. 숲 속을 돌아다니는 들새들은 자유롭지. 네 즐거움을 위해 그들을 죽이지 마라. 신은 벌레와 두더지를 만드셨고, 각각은 지상에서 자기 자신의 자리를 차지하고 있지. 너는 왜 신의 작품을 해치느냐? 들판의 소들조차 우리의 주님을 찬미한단다."

그러나 별의 아이는 이러한 말에 주의를 기울이지 않았다. 별의 아이는 눈살을 찌푸리고 자기 친구들에게 돌아가 그들을 이끌곤 했다. 그리고 그의 친구들은 그를 따랐는데, 그가 아름답고 튼튼한 데다가 춤을 잘 추고 높은 소리로 노래를 부를 수 있을 뿐 아니라 작곡을 할 수 있기 때문이었다. 그래서 그들은 어디에나 별의 아이를 따라다녔으며, 별의 아이가 자신들에게 하라고 하는 일은 무슨 일이든 했다. p.166 그리고 별의 아이가 날카로운 막대기로 두더지의 눈을 찌르면, 그들은 웃고 똑같이 했다. 별의 아이는 그들의 주인이었고, 그들은 별의 아이처럼 무정해졌다.

어느 날, 가엾은 거지 한 명이 마을로 들어왔다. 그녀의 옷은 찢어지고 해졌으며, 그녀의 발은 그녀가 이동해 온 거친 길로 인해 피를 흘리고 있었다. 그녀는 낮에 걸었던 것 때문에 피곤해서 쉬려고 밤나무 아래에 앉았다.

별의 아이가 그녀를 보고 친구들에게 말했다. "봐! 저기 역겨운 거지가 아름다운 나무 아래에서 쉬고 있어. 가자! 가서 그녀를 내쫓자. 그녀는 못생기고 역겨워."

그래서 별의 아이는 그녀에게 달려가서 그녀에게 돌을 던졌다. p.167 별의 아이는 그녀를 조롱하고 그녀에게 침을 뱉었다. 그녀는 눈에 공포심을 드러내며 별의 아이를 바라보았지만, 너무 피곤했기 때문에 움직일 수가 없었다.

나무꾼은 근처에서 통나무를 쪼개고 있었다. 별의 아이가 하고 있는 짓을 보았을 때, 나무꾼은 달려가서 그의 팔을 잡았다.

"네 마음은 차갑고 자비심도 없구나!" 나무꾼이 아이에게 말했다. "이 여인이 너에게 그러한 대우를 받을 만한 어떤 일을 했느냐?"

별의 아이의 얼굴은 분노로 빨개졌고, 땅에 발을 굴렀다.

"아저씨가 뭔데 내 행동을 문제 삼죠?" 별의 아이가 화를 내며 말했다. "나는 아저씨의 아들이 아니에요. 그러니까 내가 무엇을 할 수 있고 무엇을 할 수 없는지 말하지 마세요."

p.168 "네 말이 맞아." 나무꾼이 대답했다. "너는 내 아들이 아니야. 하지만 내가 너를 숲 속에서 발견했을 때, 그래도 나는 너를 불쌍히 여겼어."

이 소리를 들었을 때, 여인은 기절했다. 나무꾼은 그녀를 자기 집으로 옮겼고, 그의 아내가 그녀를 돌보았다. 그녀가 의식을 되찾았을 때, 그들은 고기와 마실 것을 그녀 앞에 차려 주고 편하게 있으라고 말했으나, 그녀는 고기나 마실 것에는 신경 쓰지 않았다.

"그 아이가 숲 속에서 발견되었다고 말씀하셨나요?" 그녀가 물었다.

"그래요." 나무꾼이 말했다.

"그 아이를 지금으로부터 정확히 10년 전에 찾지 않으셨나요?" 그녀가 물었다.

"그래요." 나무꾼이 놀라며 대답했다. "제가 정확히 10년 전에 숲 속에서 그 아이를 발견했습니다."

p.169 "그리고 그 아이가 목에 호박 목걸이를 걸고 있지 않았나요?" 그녀가 물었다. "그리고 별들이 수놓아진 금색 직물로 만든 망토가 있지 않았나요?"

"맞습니다." 나무꾼이 대답했다. 그리고 나무꾼은 상자에서 망토와 호박 목걸이를 꺼내어 그녀에게 보여주었다.

"그 아이는 제 아들이에요!" 그녀가 기뻐서 소리쳤다. "저는 그 아이를 10년 전에 잃어버렸어요. 그 아이를 제게 데려와 주실 수 있나요? 저는 온 세상을 돌아다니며 그 아이를 찾고 있었어요."

그래서 나무꾼은 나가서 별의 아이를 불렀다.

"집으로 들어오너라." 나무꾼이 말했다. "네 어머니께서 안에서 너를 기다리고 계신다."

그래서 별의 아이는 놀라움과 행복한 마음으로 가득 차서 달려 들어왔다. 그러나 자신을 기다리고 있는 사람이 누구인지 보았을 때, 별의 아이는 조롱하듯이 웃으면서 말했다. "제 어머니가 어디에 계시죠? p.170 역겨운 거지 외에는 여기 아무도 보이지 않는데요."

"나는 네 엄마란다." 그녀가 말했다.

"당신은 미친 게 틀림없군요." 별의 아이가 화를 내며 말했다. "나는 당신의 아들이 아니에요. 당신은 거지예요. 당신은 못생기고 가난해요. 이제 떠나요. 당신의 역겨운 얼굴을 더 이상 보고 싶지 않아요."

"하지만 너는 정말로 내 아들이란다." 그녀가 말했다. "나는 너를 숲 속에서 낳았어." 그녀는 무릎을 꿇고 별의 아이에게 팔을 활짝 뻗었다. "강도들이 나에게서 너를 훔쳐 너를 죽게 내버려 둔 것이란다. 하지만 너를 보았을 때 나는 너를 알아보았어. 그리고 금색 직물로 만든 망토와 호박 목걸이가 기억났단다. 그러니까 제발 나와 함께 가자. 나는 너를 찾아 온 세상을 뒤지고 다녔어. 나와 함께 가자, 내 아들아."

그러나 별의 아이는 자기 자리에서 움직이지 않았다. 별의 아이는 그녀에 대하여 마음의 문을 닫았다. p.171 이제 집은 고통스럽게 울고 있는 여인의 울음소리로 가득했다.

"그만 울어요." 별의 아이가 차갑게 말했다. "만약 당신이 정말로 나의 어머니라고 해도, 떨어져 있어요. 여기 오지 마요. 당신은 나를 수치스럽게 만드니까요. 나는 내가 별이 아이라고 생각했어요. 그런데 이제 당신은 나에게 내가 거지의 아이라고 말하고 있군요. 당장 이곳에서 나가요. 그리고 절대로 다시 나를 찾으러 돌아오지 마요."

"내가 가기 전에 한 번만 입맞춤해 주지 않겠니?" 그녀가 애원했다. "나는 너를 찾으려고 아주 많이 고통을 겪었어."

"싫어요." 별의 아이가 말했다. "당신은 쳐다보기 역겨워요. 차라리 악취 나는 두꺼비나 더러운 뱀에게 입맞춤하겠어요."

그래서 여인은 비통하게 울면서 일어나 숲으로 떠났다. 별의 아이는 그녀가 가서 기뻤다. 별의 아이는 자기 친구들과 함께 놀기 위해 그들에게 돌아갔다.

p.172 그러나 별의 아이가 오고 있는 것을 보았을 때, 그들은 그를 놀리며 "너는 두꺼비처럼 악취 나고 뱀처럼 더러워. 저리 꺼져! 우리는 너와 놀고 싶지 않아."라고 말했다. 그리고 그들은 별의 아이를 정원에서 쫓아냈

다.

별의 아이는 눈살을 찌푸리고 "그들이 무슨 말을 하고 있는 거지? 우물로 가서 들여다봐야겠다. 그러면 우물이 내가 얼마나 아름다운지 보여줄 거야."라고 혼잣말을 했다.

그래서 별의 아이는 우물로 가서 그 안을 들여다보았으나, 그의 얼굴은 두꺼비의 얼굴로 변해 있었고, 그의 몸은 뱀의 몸처럼 보였다. 별의 아이는 풀밭에 쓰러져 울었고, 혼잣말을 했다. "내가 내 죄에 대하여 벌을 받고 있는 것이 분명하구나. 나는 내 어머니를 부인하고 쫓아냈어. 나는 거만했고 어머니에게 잔인했어. 이제 나는 가서 그녀를 찾아 온 세상을 헤매야겠어. 나는 어머니를 찾을 때까지 쉬지 않을 거야."

그때 나무꾼의 어린 딸이 별의 아이에게 다가왔다. p.173 그녀는 별의 아이의 어깨에 손을 올리고 말했다. "네가 더 이상 아름답지 않다고 해서 왜 문제가 되지? 우리와 함께 있자. 그리고 나는 너를 놀리지 않을 거야."

"그러나 나는 내 어머니에게 잔인했어." 별의 아이가 말했다. "그래서 내가 벌을 받고 있는 거야. 나는 어머니를 찾아야 하고 용서를 구해야 해."

그래서 별의 아이는 숲 속으로 달려갔고 자기 어머니를 소리쳐 불렀지만, 대답은 없었다. 별의 아이는 온종일 어머니를 찾았고, 밤에는 나뭇잎 침대 위에서 자려고 누웠다. 새들과 동물들은 별의 아이의 잔인성을 기억하고 있었기 때문에 그에게서 달아났다. 그를 지켜보는 두꺼비와 그의 곁을 천천히 기어서 지나가는 뱀들을 제외하면 별의 아이는 숲 속에서 혼자였다.

별의 아이는 아침에 일찍 일어나서 나무에서 약간의 쓴 맛 나는 나무 열매를 따서 먹었다. p.174 그런 다음 별의 아이는 몹시 울면서 다시 거대한 숲을 헤매고 돌아다녔다. 별의 아이는 자신이 만나는 모든 동물에게 자기 어머니의 행방을 물었다.

"너는 지하에서 살지." 별의 아이가 두더지에게 말했다. "나에게 내 어머니가 그곳에 계시는지 말해 주렴."

"너는 내 눈을 멀게 했어." 두더지가 말했다. "내가 어떻게 알겠어?"

"너는 높은 나무의 맨 위로 날아오를 수 있어." 별의 아이가 홍방울새에게 말했다. "너는 온 세상을 볼 수 있지. 네가 내 어머니를 볼 수 있는지 말해 주렴."

"너는 재미 삼아 내 날개를 잘랐어." 홍방울새가 대답했다. "나는 더 이상 날지 못해."

"내 어머니는 어디에 계시니?" 별의 아이가 다람쥐에게 물었다.

"네가 내 어머니를 죽였어." 다람쥐가 대답했다. "네 어머니도 죽일 거니?"

별의 아이는 울면서 고개를 숙였다. p.175 별의 아이는 신의 용서를 간절히 바랐다. 그런 다음 별의 아이는 자기 어머니를 찾으며 계속해서 숲으로 들어갔다. 사흘째 되는 날이 다 지나갈 무렵, 별의 아이는 숲의 반대쪽에 도착했다. 별의 아이는 마지막으로 숲을 돌아보고 평원으로 내려갔다.

별의 아이가 마을을 통과할 때, 아이들은 그를 비웃고 그에게 돌을 던졌다. 별의 아이는 이제 쳐다보기에 너무 역겨워서 그가 지나가는 모든 마을에서 쫓겨났다. 별의 아이는 3년 동안 자기 어머니를 찾아다녔으나, 그녀는 아무 데에서도 발견되지 않았다.

3년 동안 내내, 별의 아이는 세상을 돌아다녔고, 세상에는 그에게 사랑도 친절도 자비도 없었다.

p.176 어느 날 저녁, 별의 아이는 강 옆에 서 있는 담장으로 둘러싸인 도시의 관문에 도착했다. 별의 아이는 지쳤고 발은 쓰라렸다. 별의 아이가 도시로 들어가려고 할 때, 보초들이 자신들의 미늘창을 입구에 교차시켜 내렸다.

"왜 우리 도시에 온 것이냐?" 그들이 거칠게 물었다.

"저는 제 어머니를 찾고 있습니다." 별의 아이가 대답했다. "저를 들여보내 주십시오. 어머니는 당신들의 도시에 계실지도 모릅니다."

보초들이 큰 소리로 웃었다. 그들 중 한 명이 자기 방패를 내리고 말했다. "네 어머니가 너를 보는 것을 좋아하지 않을 것 같구나. 너는 내가 본 중에 가장 못생겼구나. 이제 가라. 네 어머니는 이 도시에 없다."

"네 어머니가 누구이고, 왜 그녀를 찾고 있는 것이냐?" 다른 보초가 물었다.

"제 어머니는 저처럼 거지입니다." 별의 아이가 대답했다. "저는 어머니에게 못되게 굴었습니다. 제가 어머니를 찾아서 용서를 구할 수 있도록 들어가게 해 주십시오." p.177 그러나 보초들은 별의 아이에게 꺼지라고 말하고 자신들의 창으로 그를 찔렀다.

별의 아이는 울면서 몸을 돌렸다. 그때 어떤 기사가 보초들에게 다가왔다.

"방금 도시에 들어오려고 한 자가 누구였느냐?" 기사가 물었다.

"자신의 거지 어머니를 찾고 있는 거지였습니다." 보초들 중 한 명이 대답했다. "저희가 그를 쫓아내었습니다."

"어리석군." 기사가 웃으며 소리쳤다. "그를 노예로 팔아야지. 그의 가격은 달콤한 포도주 한 잔 가격일 거야."

그때 지나가고 있던 늙고 사악한 얼굴을 한 노인이 그들을 부르더니 말했다. "내가 그 가격으로 그를 사겠소!" 노인은 값을 치르고 별의 아이의 손을 잡고 도시 안으로 데리고 들어갔다.

p.178 그들은 많은 거리를 지나 석류나무로 뒤덮여 있는 벽에 난 작은 문에 도착했다. 노인은 문을 열었고, 그들은 다섯 개의 황동 계단을 내려갔다. 그들은 검은 양귀비와 구운 점토로 만들어진 초록색 단지가 가득 있는 정원으로 들어갔다. 노인은 자신의 터번에서 비단 스카프를 꺼냈고, 그것으로 별의 아이의 눈을 묶었다. 그런 다음 노인은 별의 아이의 손을 잡고 안내했고, 눈에서 스카프가 풀어졌을 때, 별의 아이는 자신이 지하 감옥에 있는 것을 발견했다.

그때 노인이 별의 아이에게 약간 곰팡이가 핀 빵을 던져주고 말했다. "먹어라." 노인은 별의 아이에게 더러운 물을 컵에 담아 주고 말했다. "마셔라." 별의 아이가 먹고 마시자, 노인은 밖으로 나가서 문을 잠갔다. 그런 다음 문에는 쇠사슬이 꽁꽁 묶였다.

p.179 노인은 리비아에서 가장 유명한 마술사들 중 한 명이었다. 노인은 나일 강의 무덤에 사는 어느 마술사에게서 마법을 배웠다. 다음날 아침, 노인은 별의 아이에게 다가와서 그에게 눈살을 찌푸렸다.

"도시 근처에 있는 어느 숲에는 금 세 조각이 있어." 노인이 별의 아이에게 말했다. "하나는 백금이고, 다른 하나는 황금이고, 마지막 하나는 적금이야. 그곳에 가서 백금 조각을 나에게 가져와. 오늘 나에게 그것을 가져오지 않으면, 내 채찍으로 백 대를 때려줄 테야. 지금 가. 그러면 나는 해질 무렵에 정원의 문에서 너를 기다리고 있을 거야." 그리고 노인은 별의 아이의 눈을 비단 스카프로 다시 묶었다. 노인은 집을 지나고 양귀비 정원을 지나서 다섯 개의 황동 계단 위로 올라가도록 별의 아이를 이끌었다. p.180 그런 다음 노인은 별의 아이를 거리로 내보냈다.

별의 아이는 기진맥진하여 도시의 관문 밖으로 걸어 나갔다. 잠시 후, 별의 아이는 도시 근처에 있는 숲에 도착했다.

그런데 이 숲은 밖에서 보기에는 매우 아름다웠다. 숲은 노래하는 새들과 여러 가지 색깔의 꽃들이 가득해 보였으므로 별의 아이는 즐겁게 그 안으로 들어갔다. 그러나 숲 속에는 거친 찔레꽃과 땅에서 빠르게 자라난 가시 나무들로 가득했다. 별의 아이는 고약한 쐐기풀에 쏘였고, 엉겅퀴들은 비수로 그를 찔렀다. 별의 아이는 사방을 둘러보았으나 백금 조각을 발견할 수 없었다. 그리고 해가 저물 무렵, 별의 아이는 서럽게 울며 집을 향해 돌아섰다. 자신이 채찍질을 당할 것임을 알았기 때문이었다.

그러나 숲의 외곽에 도착했을 때, 별의 아이는 커다란 고통의 울음소리를 들었다. p.181 자기 자신의 슬픔은 잊은 채, 별의 아이는 그 장소로 달려가서 어떤 사냥꾼이 설치해 놓은 덫에 걸린 작은 산토끼 한 마리를 발견했다.

별의 아이는 산토끼를 딱하게 여기고 놓아주었다.

"나는 노예일 뿐이야." 별의 아이가 산토끼에게 말했다. "하지만 너를 놓아줄 수 있어서 기쁘구나."

"당신은 나에게 자유를 주었어요." 산토끼가 말했다. "나는 당신에게 보답해야겠어요. 내가 당신을 위해 어떤 일을 해 주면 좋겠어요?"

"나는 백금 조각을 찾고 있지만, 어디에서도 발견할 수가 없구나. 그것을 가지고 돌아가지 않으면, 내 주인이 나를 때릴 거야."

"나를 따라오세요. 내가 그것에게로 안내해 줄게요. 나는 그것이 어디에 숨겨져 있는지 그리고 왜 그런 것인지 정확히 알아요."

p.182 그래서 별의 아이는 산토끼를 따라갔고 거대한 떡갈나무 틈에 끼어 있는 백금 조각을 발견했다. 별의 아이는 너무나 기뻐서 산토끼에게 말했다. "너는 내가 너에게 보여준 친절에 대하여 백배로 보답을 했구나."

"아니에요." 산토끼가 대답했다. "나는 단지 당신이 나를 도와주어서 나도 당신을 도운 것뿐이에요." 그리고 토끼는 재빨리 달려갔고, 별의 아이는 도시를 향해 돌아갔다.

그런데 도시의 관문에는 나병 환자가 앉아 있었다. 그의 얼굴에는 회색 리넨으로 만든 두건이 드리워져 있었고, 작은 구멍 사이로 그의 눈이 붉은 석탄처럼 보였다. 별의 아이가 오는 것을 보았을 때, 나병 환자는 나무 사발을 두들기면서 말했다. "돈을 좀 주세요. 그렇지 않으면 저는 굶어 죽을 거예요. 그들이 저를 도시에서 내쫓았고, 저를 동정하는 사람은 하나도 없어요."

"저는 지갑 안에 한 푼을 가지고 있을 뿐이에요." 별의 아이가 말했다. p.183 "그것을 주인에게 가지고 가지 않으면, 그가 저를 때릴 거예요."

그러나 나병 환자는 계속해서 애원했고, 마침내 별의 아이는 그에게 백금 조각을 주었다.

별의 아이가 마술사의 집으로 돌아왔을 때, 마술사는 그를 안으로 데려가서 물었다. "백금 조각은 어디에 있지?" 그리고 별의 아이는 대답했다. "저는 그것을 가지고 있지 않아요." 그래서 마술사는 별의 아이를 묶고 그에게 백 대를 채찍질했다. 그런 다음 마술사는 먹거나 마실 것을 아무것도 주지 않은 채 별의 아이를 지하 감옥에 내던졌다.

그 다음날, 마술사가 별의 아이에게 와서 말했다. "오늘 너는 나에게 황금 조각을 가지고 와야 한다. 만약 또 다시 실패하면, 나는 너를 삼백 대 채찍질 할 것이다."

그래서 별의 아이는 숲으로 돌아갔다. p.184 별의 아이는 온종일 황금 조각을 찾았지만, 그것은 아무 데에서도 발견되지 않았다. 해가 질 무렵, 별의 아이는 앉아서 울기 시작했다. 별의 아이가 울면서 그곳에 앉아 있을 때, 그가 덫에서 구해 주었던 작은 산토끼가 그에게 다가왔다.

"왜 울고 있어요?" 산토끼가 물었다. "그리고 오늘은 무엇을 찾고 있어요?"

"나는 이곳에 숨겨진 황금 조각을 찾고 있어." 별의 아이가 대답했다. "만약 내가 그것을 찾지 못하면, 내 주인이 나를 삼백 대 채찍질 할 거야."

"나를 따라오세요." 산토끼가 말했다. 산토끼는 숲 속으로 들어가더니 마침내 어떤 물웅덩이에 도착했다. 그리고 그 웅덩이 밑바닥에 황금 조각이 있었다.

"어떻게 말해야 할지 모르겠구나!" 별의 아이가 말했다. "너는 나를 두 번째로 구해 주었어. 내가 어떻게 보답할 수 있지?"

"당신이 먼저 나에게 연민을 보여주었지요." 산토끼가 말하고 달려갔다.

p.185 별의 아이는 황금 조각을 가져가 그것을 지갑 안에 집어넣었다. 별의 아이가 도시로 들어가려는 순간, 나병 환자가 그를 보고 "돈 좀 주세요. 그렇지 않으면 저는 굶어 죽을 거예요."라고 소리쳤다.

"제 지갑 안에는 황금 조각 한 개밖에 없어요." 별의 아이가 말했다. "만약 그것을 제 주인에게 가지고 가지 않는다면, 그가 저를 때릴 거예요."

그러나 나병 환자는 계속해서 애원했고, 마침내 별의 아이는 그에게 황금 조각을 주었다.

별의 아이가 마술사의 집에 도착했을 때, 마술사는 그를 삼백 대 채찍질하고 지하 감옥에 도로 내던졌다.

다음날 아침, 마술사는 별의 아이에게 가서 말했다. "오늘 나에게 적금 조각을 가지고 오면, 내가 너를 풀어주마. 그러나 만약 실패하면, 나는 너를 죽일 것이다."

p.186 그래서 별의 아이는 숲으로 돌아갔다. 별의 아이는 온종일 적금 조각을 찾았으나, 어디에서도 그것을 찾을 수 없었다. 그리고 저녁에, 별의 아이는 주저앉아서 울었고, 작은 산토끼가 다시 그에게 다가왔다.

"나는 그 적금 조각이 어디에 있는지 알아요." 산토끼가 말했다. "그것은 당신 뒤에 있는 동굴 안에 있답니다."

"내가 어떻게 너에게 감사해야 하지?" 별의 아이가 소리쳤다. "이번이 네가 나를 구해 준 세 번째로구나."

"당신이 나에게 먼저 연민을 보여주었잖아요." 산토끼는 말하고 달려갔다.

별의 아이는 동굴 안으로 들어갔다. 가장 깊은 구석에서 별의 아이는 적금 조각을 발견했다. 별의 아이는 그것을 지갑 안에 넣고 달려서 도시로 돌아갔다. 그리고 나병 환자는 별의 아이가 다시 다가오는 것을 보고 길 중앙에 섰다. 나병 환자는 별의 아이를 멈춰 세우고 말했다. "적금 조각을 제게 주십시오. 그렇지 않으면 저는 죽을 것입니다." 별의 아이는 다시 나병 환자에게 연민을 보였고, "당신의 필요가 제 필요보다 더 큽니다."라고 말하면서 적금 조각을 주었다.

p.187 그러나 이상하게도 별의 아이가 도시의 관문을 지날 때 보초들이 그에게 고개를 숙였다.

"우리 전하는 정말로 아름다우십니다!" 보초들이 소리쳤다. 그러자 시민들의 무리가 별의 아이를 따르며 "분명히 그분은 온 세상에서 가장 아름다운 사람이야!"라고 소리쳤다.

별의 아이는 울면서 혼잣말을 했다. "그들이 나를 조롱하고 있구나. 그들이 나의 비참함을 놀리고 있어." 그리고 주위 사람들의 무리가 너무 커져서 별의 아이는 길을 잃고 말았다. 그런 다음 잠시 후, 별의 아이는 자신이 커다란 광장에 있다는 것을 깨달았는데, 그곳에는 왕의 궁전이 있었다.

성문이 열리고 도시의 사제들과 신하들이 별의 아이를 맞으러 앞으로 달려 나왔다.

p.188 "전하는 우리 왕의 아드님이십니다." 그들이 별의 아이에게 말했다. "우리는 전하를 기다리고 있었습니다, 전하."

"저는 왕의 아들이 아닙니다." 별의 아이가 대답했다. "저는 가난한 거지의 아이입니다. 그리고 왜 모두 제가 아름답다고 말하지요? 저는 제가 보기에 역겹다는 것을 압니다."

그때 기사가 방패를 들고 소리쳤다. "어떻게 전하께서 자신이 아름답지 않다고 말씀하실 수 있습니까?"

별의 아이는 방패를 들여다보고 자기 얼굴이 원래대로 돌아온 것을 보았다. 별의 아이는 다시 한 번 아름다워졌고, 자신의 눈에서 자신이 전에는 보지 못했던 무엇인가를 보았다.

사제들과 신하들이 무릎을 꿇고 별의 아이에게 말했다. "오래 전에 우리의 지도자가 오늘 오신다고 예언되었습니다. 제발 이 왕관과 이 홀을 받으시고 저희의 왕이 되어 주십시오."

p.189 "저는 그럴 만한 자격이 있는 사람이 아닙니다." 별의 아이가 말했다. "저는 저를 낳아 주신 어머니를 부인했습니다. 저는 어머니를 찾아 그분의 용서를 받기 전까지는 쉴 수 없습니다. 그러니까 저를 보내주십시오. 저는 다시 온 세상을 떠돌아야 합니다."

말을 하면서 별의 아이는 도시의 관문으로 이어진 거리를 향해 얼굴을 돌렸다. 놀랍게도, 별의 아이는 나병 환자 옆, 길가에 앉아 있는 자신의 어머니를 보았다! 기쁨의 통곡이 별의 아이의 입술에서 터져 나왔고, 그는 어머니에게 달려가 무릎을 꿇었다. 별의 아이는 자기 어머니의 발 위에 있는 상처들에 입을 맞추었고 자신의 눈물로 그것들을 씻었다.

"어머니, 저는 거만했던 시절에 어머니를 부인했습니다." 별의 아이가 여전히 애달프게 울면서 말했다. "겸손함을 알게 된 지금의 저를 받아주십시오." 그러나 여인은 한마디도 하지 않았다.

p.190 그런 다음 별의 아이는 자신의 손을 뻗어 나병 환자의 흰 발을 잡았다.

"저는 당신을 세 번 도와드렸습니다!" 별의 아이가 말했다. "제발 제 어머니께 저에게 말을 걸어 주시라고 말씀드려 주세요." 그러나 나병 환자는 아무 말도 하지 않았다.

"어머니, 제 고통은 제가 참을 수 있는 것보다 더 큽니다." 별의 아이가 말했다. "제발 저를 용서해 주세요. 그리고 숲으로 돌아가게 해 주세요."

그러자 여인이 자신의 손을 별의 아이의 머리에 얹고 그에게 말했다. "일어나라." 그런 다음 나병 환자가 자신의 손을 별의 아이의 머리에 얹고, 그에게 말했다. "일어나라."

별의 아이가 일어나자 그들은 그와 함께 일어났다. 사실은 그들이 왕과 왕비였다.

"이분은 너의 아버지이시다." 왕비가 말했다. "네가 그분을 구했지."

"이분은 네 어머니이시다." 왕이 말했다.

p.191 그들은 별의 아이를 안고 입을 맞추었다. 그들은 별의 아이를 궁전 안으로 데려가서 멋진 옷을 입혔고, 왕관을 머리에 씌우고 그의 손에 홀을 들려주었다.

별의 아이는 크나큰 정의와 자비로 도시를 다스렸다. 별의 아이는 사악한 마술사를 추방하고 많은 값비싼 선물들을 나무꾼과 그의 아내에게 보냈다. 별의 아이는 자신의 백성들에게 새들이나 동물들에게 잔인하게 굴지 말라고 말했다. 별의 아이는 사랑과 친절과 자애를 가르쳤다. 별의 아이는 가난한 사람들에게 빵을 주었고, 왕국 전역에는 평화와 행복이 있었다.

하지만 별의 아이는 오래 나라를 다스리지 못했다. 여행 중에 얻은 고통이 너무 커서 별의 아이는 3년 후에 죽고 말았다.